# PUSTEBLUME

## Das Sprachbuch

## 2. Schuljahr

## Schroedel

# PUSTEBLUME

Das Sprachbuch
2. Schuljahr

**Herausgegeben von**
Wolfgang Menzel

**Erarbeitet von**
Christel Jahn
Christiane Müller
Ute Schimmler
Udo Schoeler

**Mitarbeit:**
Annegret Greve, Gisela Höhne, Wolfgang Kunsch

**Für Baden-Württemberg bearbeitet von:**
Renate Donig
Karin Flamm
Angelika Föhl
Martin Grethen
Nicole Kränkel-Schwarz
Jutta Reuther
Gabriele Simon-Kaufmann
Veronika Wehrens

**Illustration:** Angelika Çıtak, Zora Davidović

**Umschlaggestaltung:** Jürgen Kochinke mit einer Illustration von Zora Davidović

Dieses Werk folgt der reformierten
Rechtschreibung und Zeichensetzung.
Ausnahmen bilden Texte, bei denen
künstlerische, philologische oder
lizenzrechtliche Gründe einer
Änderung entgegenstehen.

ISBN 3-507-40240-8
© 1997 Schroedel Verlag GmbH, Hannover

Druck A ⁵⁴³² / Jahr 2001 2000

Alle Drucke der Serie A der o. a. Bestellnummer sind im Unterricht parallel verwendbar. Die letzte Zahl bezeichnet das Jahr dieses Druckes.

Druck: klr mediapartner GmbH & Co. KG, Lengerich

CHLORFREI
Gedruckt auf Papier,
das nicht mit Chlor
gebleicht wurde.
Bei der Produktion
entstehen keine
chlorkohlenwasserstoff-
haltigen Abwässer.

# Inhalt

|  | Miteinander sprechen | Sprache untersuchen |
|---|---|---|
| **A wie Anfang**<br>S. 6–14 | ABC-Gedicht vortragen | Substantive; Verben; Satzbildung |
| **Ich bin ich**<br>S. 15–24 | Über sich und andere berichten;<br>zu Fotos erzählen;<br>zu Verben spielen;<br>Verkehrszeichen erklären | Bilder und Zeichen ersetzen<br>Sprache; Substantive und Artikel;<br>Singular und Plural; Verben mit<br>vorangestellten Wortbausteinen |
| **Freunde**<br>S. 25–32 | Beschreiben; Gefühle aussprechen;<br>über Erlebtes berichten; Rollenspiel;<br>Abzählverse | Funktion des Adjektivs erkennen;<br>Pluralbildung |
| **Von Katzen, Hunden<br>und anderen Tieren**<br>S. 33–44 | Über Tiere sprechen und sie<br>beschreiben; Informationen sammeln<br>und weitergeben;<br>eine Fantasiegeschichte erfinden;<br>Zungenbrecher; ein Lied singen,<br>spielen, rhythmisieren | Verben und ihre Personalformen |
| **Jahreszeiten**<br>S. 41–48 | Zu den Jahreszeiten erzählen;<br>Gedichte lernen und vortragen;<br>Spielregeln erklären und einhalten<br>(Jahreszeitenspiel) | Binnengliederung von Wörtern in<br>Sprechsilben; Verben in<br>Personalform; zusammengesetzte<br>Substantive; Wortfamilie: Schnee |
| **Feste und Feiern**<br>S. 49–54 | Gedichte vortragen; Geburtstag<br>feiern; gratulieren, einladen, sich<br>bedanken; Feste planen | Adjektive;<br>zusammengesetzte Substantive;<br>Wortfamilie: Geburtstag |
| **Die Welt um uns herum**<br>S. 55–60 | Zu Bildern erzählen;<br>Informationen und Ideen zum<br>Umweltschutz sammeln | Fragewörter und Fragesätze |
| **Streiten und Versöhnen**<br>S. 61–66 | Konflikte sprachlich regeln; sich<br>entschuldigen/um etwas bitten;<br>Verhaltens- und Gesprächsregeln<br>vereinbaren | Aufforderungssätze und Bitten;<br>Adjektive |
| **Bücher, Bücher**<br>S. 67–74 | Zu einem Bild erzählen; eigene<br>Meinung begründen;<br>Projekt: Bücher selber herstellen | Büchertitel nach Oberbegriffen<br>ordnen; Inhalte zuordnen |
| **Es war einmal**<br>S. 75–80 | Märchen erzählen; Redensarten | Märchen und Sachtext vergleichen;<br>Verkleinerungsformen -chen und -lein |

**Schreibwerkstatt:** (S. 81–90):

Zu Bildern schreiben: S. 81, 86, 90 – Geschichten weitererzählen: S. 81, 84 – Sätze zu Geschichten ordnen: S. 82 – Passende Ausdrücke suchen und einsetzen: S. 83, 89 – Sätze verlängern: S. 85 – Ich-Geschichten schreiben: S. 87

**Rechtschreibwerkstatt** (S. 91–108):

Abschreiben, Diktate üben (Lauf-, Dosen-, Partner- und Bilddiktate): S. 92, 93, 100 – Vokale und Konsonanten: S. 91, 94 – Wörter mit Doppelvokal: S. 95 – Umlautbildung bei Mehrzahl und Verkleinerung: S. 96, 97 – Wörter mit p, t, k: S. 98 – Kurze und lange Vokale: S. 99 – Wörter mit Doppelkonsonanten: S. 100, 101

| Schreiben und Gestalten Texte schreiben | Rechtschreiben | Bezüge zum Heimat- und Sachunterricht (ARB) und zu fächerverbindenden Themen (Thema) |
|---|---|---|
| Verschiedene Schriften kennen lernen; mit dem Füller schreiben; Klassen-ABC | Nach dem Alphabet ordnen; Anlegen eines ABC-Heftes | Hinführend zu ARB 1/Thema 1 |
| „Ich-Geschichten" schreiben; „Ich-Rätsel" | Großschreibung von Substantiven und Namen; Verben; Wortsammlung „Familie" | ARB 1: Zusammen leben und lernen in der Schule<br>ARB 3: Den Nahraum Schule erkunden/ Schulwege<br>Thema 1: Ich habe einen Namen |
| Beschreiben; Geschichten entflechten und aufschreiben; einen Brief schreiben | Kleinschreibung von Adjektiven; Diktat üben; Umlautbildung bei Pluralformen | ARB 1: Zusammen leben und lernen in der Schule/In der Klasse finden Kinder zueinander<br>Thema 1: Ich habe einen Namen |
| Bildfolgen ordnen; Bildergeschichten erzählen; Geschichten weiterschreiben; Fantasiegeschichte schreiben; nach einer Bastelanleitung arbeiten | Verben in Grund- und Personalform; Wortsammlung „Tiere"; Diktat üben | ARB 4: Tiere verantwortungsbewusst halten/ Menschen haben Gründe, Tiere zu halten |
| Monatsgeschichten schreiben und gestalten; Fragekärtchen zu einem Spiel herstellen; mit Schrift gestalten | Silbentrennung; Partnerdiktat üben; Wortsammlung „Winter" | ARB 3: Schulzeit gestalten; Zeit erleben und gliedern/Nach dem Stand der Sonne können Tages- und Jahreszeiten bestimmt werden<br>Thema 3: Frühling |
| Glückwunsch- und Einladungskarten gestalten | Zusammengesetzte Substantive | ARB 3: Kalender; private und öffentliche Feste und Feiern; Festkreise in verschiedenen Kulturen und Religionen |
| Bildwörter im Text ergänzen; eine Umweltgeschichte fortsetzen; Plakate gestalten | Satzzeichen bei Fragesätzen; Wortsammlung „Umwelt" | ARB 5: Verschmutzte Luft bedroht Leben<br>ARB 3: Schulraum gestalten – Ökologie. Müllvermeidung in der Schule, Verwendung umweltfreundlicher Arbeitsmaterialien und Schulartikel; sparsamer Umgang mit Verbrauchsmaterial |
| Gesprächsregeln aufschreiben; Sätze nach Vorgaben bilden; eine Bildergeschichte erzählen | Satzzeichen bei Aufforderungssätzen; Wortsammlung „Streiten und Versöhnen" | ARB 1: Zusammen leben und lernen in der Schule/In der Klasse finden Kinder zueinander |
| Bildwörter ersetzen; eine passende Überschrift finden; Meinung schriftlich begründen; Bücher herstellen und gestalten | Laufdiktat üben; Texte verbessern; Wortsammlung „Bücher" | ARB 6: Medien und Konsum/Medien gebrauchen und herstellen/Freie Zeit mit Medien gestalten/ Umgang mit Büchern<br>Thema 5: Gestalten eines Buches/ Verschiedenartige Bücher kennen lernen |
| Fragen zum Text beantworten; Bildfolgen ordnen; Märchenkarten herstellen | Verkleinerungsformen | |

**Sprachwerkstatt** (S. 109–118)

Substantive: S. 109ff. – Mit Sprache spielen: S. 112 – Verben: S. 113 – Adjektive: S. 114, 115 – Satzarten und Satzzeichen: S. 116, 117 – Sätze umstellen: S. 118

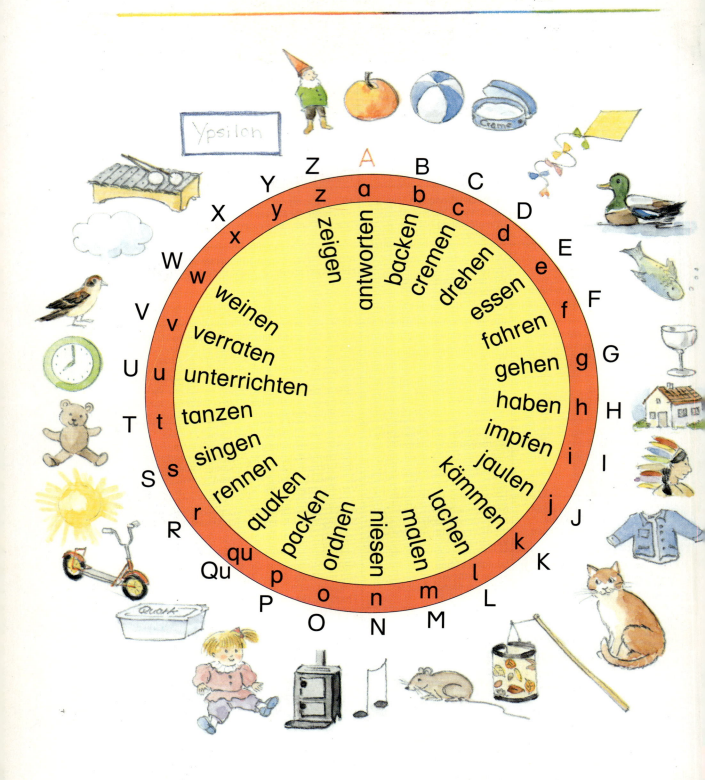

Ypsilon

6

# A ... wie Anfang
## Das ABC üben

### Ein ABC-Gedicht
**Wolfgang Menzel**

A B C D E       Herr Eisbär tanzt' im Schnee.

F G H und I       Er tanzte wie noch nie.

J und K und L       Er tanzte furchtbar schnell.

M und N und O       Da fiel er auf den Po.

P und Q und R       Im Wasser lag der Herr!

S T U und V       Es lachte seine Frau:

W X Y und Z       „Das war mal richtig nett!"

| | | | |
|---|---|---|---|
| Affe | Affe | Affe | Affe |
| Bär | Bär | Bär | Bär |
| Clown | Clown | Clown | Clown |
| Dackel | Dackel | Dackel | Dackel |
| Elefant | Elefant | Elefant | Elefant |
| Fee | Fee | Fee | Fee |
| Gespenst | Gespenst | Gespenst | Gespenst |
| Hund | Hund | Hund | Hund |
| Igel | Igel | Igel | Igel |
| Junge | Junge | Junge | Junge |
| Kamel | Kamel | Kamel | Kamel |
| Leiter | Leiter | Leiter | Leiter |
| Mädchen | Mädchen | Mädchen | Mädchen |
| Nase | Nase | Nase | Nase |
| Ohr | Ohr | Ohr | Ohr |
| Puppe | Puppe | Puppe | Puppe |
| Quark | Quark | Quark | Quark |
| Riese | Riese | Riese | Riese |
| Sonne | Sonne | Sonne | Sonne |
| Teddy | Teddy | Teddy | Teddy |
| Uhr | Uhr | Uhr | Uhr |
| Vogel | Vogel | Vogel | Vogel |
| Wolke | Wolke | Wolke | Wolke |
| Xylofon | Xylofon | Xylofon | Xylofon |
| Ypsilon | Ypsilon | Ypsilon | Ypsilon |
| Zwerg | Zwerg | Zwerg | Zwerg |

So schreibt meine Oma oder mein Opa:

*Herzliche Grüße*

So schreibt meine Mutter oder mein Vater:

*Herzliche Grüße*

1 Und wie schreibst du?

# Mit dem Füller schreiben

## Was ist an deinem Füller gleich?

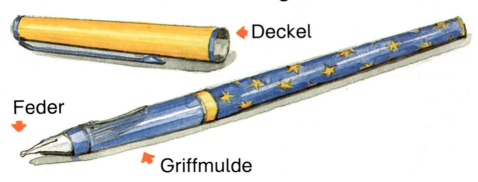

◄ Deckel

Feder

Griffmulde

Zum Schreiben brauchst du Patronen.

Probiere deinen Füller aus.

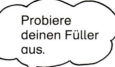  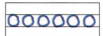

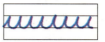  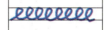 

1 Schreibe von jedem Muster eine Zeile sauber in dein Heft.

2 Male einen Gegenstand und verziere ihn mit den Mustern.

3 Schreibe den Text in Schreibschrift:

Jetzt bin ich in der zweiten Klasse.

Ich kann schon lesen, schreiben und rechnen.

Schule macht mir ▬▬▬▬ Spaß.

Setze das passende Wort ein:
immer, oft, manchmal, nie, keinen, selten

## Unser Klassen-ABC

**Anna**
5. Mai

Hobbys:
- Stickers sammeln
- fernsehen

**Ariane**

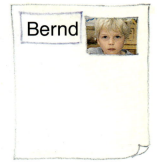

**Bernd**

**1** Ein Klassen-ABC macht ihr so:
- Schreibe deinen Namen auf ein Blatt.
- Klebe dein Foto daneben.
- Du kannst auch deinen Geburtstag, deine Hobbys, . . . dazuschreiben.
- Zum Schluss werden alle Blätter nach dem ABC geordnet und aufgehängt.

**2** Hier haben sich einige Kinder der Klasse 2 a nach dem ABC aufgestellt.
Ordne die Namen der Kinder nach dem ABC.

## ABC-Schlange

**1** Bei dieser Schlange fehlen Buchstaben. Male die Schlange in dein Heft. Trage die fehlenden Buchstaben ein.

A B D E G I J M N O R T U X N

## Zauberschrift

**2** Hier sind drei verzauberte Wörter. Kannst du sie lesen? Schreibe für jede Zahl den richtigen Buchstaben in dein Heft.

| 26 | 1 | 21 | 2 | 5 | 18 | 5 | 9 | | |
|----|---|----|---|----|----|----|----|----|----|
| 8 | 5 | 24 | 5 | 18 | 5 | 9 | | | |
| 8 | 15 | 11 | 21 | 19 | 16 | 15 | 11 | 21 | 19 |

| 1 | 2 | 3 | 4 | 5 | 6 | 7 | 8 | 9 | 10 | 11 | 12 | 13 |
|---|---|---|---|---|---|---|---|---|----|----|----|----|
| A | B | C | D | E | F | G | H | I | J | K | L | M |

| 14 | 15 | 16 | 17 | 18 | 19 | 20 | 21 | 22 | 23 | 24 | 25 | 26 |
|----|----|----|----|----|----|----|----|----|----|----|----|----|
| N | O | P | Q | R | S | T | U | V | W | X | Y | Z |

## Tiernamen ordnen

**3** Ordne die folgenden Tiernamen nach dem ABC:

| | | | |
|---|---|---|---|
| Bär | Dackel | Giraffe | Jaguar |
| Fisch | Affe | Hering | Löwe |
| Chamäleon | Esel | Igel | Kamel |
| Murmeltier | Reh | Ochse | Tiger |
| Qualle | Nashorn | Sau | Uhu |
| Vielfraß | Zebra | Puma | Wal |

## Das ABC-Heft

Hast du schon ein ABC-Heft?
Wenn nicht, lege dir eines an. Das geht so:

**1** Diese Wörter kennst du schon aus dem ersten Schuljahr.
Trage sie nach und nach in dein ABC-Heft ein.

## Bilderrätsel

1 Schreibe die Wörter auf Kärtchen. Ordne sie nach dem ABC. Vergleiche mit der Wörterliste.

## Was ich gern tue

malen    schlafen    rechnen    turnen    lachen
weinen    basteln    husten    ausschneiden
zeichnen    lesen    rodeln    kleben    melken
schreiben    duschen    essen    petzen    gehen
schreien    baden

2 Ordne die Wörter nach dem ABC. Du kannst sie auch danach ordnen, was du gern oder ungern tust.

gern    ungern

13

## So ein Unsinn!

Affen aßen Ananas.
Braune Bären backen Brot.
Tausend Tränen tropfen traurig.
Nenne nasse Nashörner nie Nasshörner.
Esel Emil erntet emsig Erdbeeren.

**1** Solche Sätze kannst du auch erfinden.
Die Wörter im Kasten kannst du verwenden.

nachts     alte     Florian     niesen     flink
Amseln     Nilpferde     flitzt     nie     auf
achten     Ameisen     Achterbahnen     abends
wilde     wild     wühlen     arbeiten     Würmer
Wildschweine     wendig     wieseln

## Geheimschrift

**2** Diesen Brief in Geheimschrift hat Tom aus dem 2. Schuljahr geschrieben. Kannst du ihn lesen?

**3** Versuche selbst einen Brief in Geheimschrift zu schreiben.

Am Anfang eines Satzes schreiben wir groß.
Am Ende eines Satzes setzen wir einen Punkt.

# Ich bin ich

Ich heiße Nina.
Ich bin 8 Jahre alt
und gehe in die zweite Klasse.
Ich habe braune Haare
und grüne Augen.

Das ist mein großer Bruder.
Er heißt Felix.

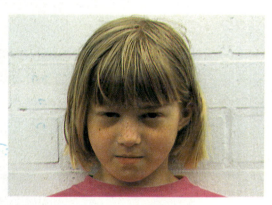

Wenn ich sauer bin,
gucke ich so.

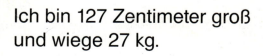

Ich bin 127 Zentimeter groß
und wiege 27 kg.

Wenn ich groß bin, möchte ich Forscherin werden.

Nudeln esse ich am liebsten.

Mein Lieblingswitz heißt:
Der Schularzt ist da. Er fragt Katja:
„Hast du irgendwelche Beschwerden
mit der Nase oder mit den Ohren?"
„Ja", sagt Katja, „sie sind mir immer im Weg,
wenn ich meinen Pullover ausziehe."

Und wie bist du?
Wie siehst du aus?
Wie alt bist du?
Wann hast du Geburtstag?
Was sind deine Hobbys?
Was isst du am liebsten?
Was ziehst du am liebsten an?
Was möchtest du einmal werden?

1 Schreibe etwas über dich und male dazu ein Bild von dir.

2 Wenn du auch einen Lieblingswitz hast,
erzähle ihn in deiner Klasse.

# Hier wohne ich

Mit meinem Freund Peter gehe ich morgens zur Schule.
Wir gehen durch viele Straßen.
Sie haben lustige Namen.

Eichhörnchenpfad    Bienenstraße    Eselweg

Affentorplatz    Am Ameisenberg    Eulengasse

**1**   Schreibe auf, wo du wohnst.

**2**   Durch welche Straßen musst du zu deiner Schule gehen?

**3**   In den Straßen gibt es viele Schilder.
      Kannst du diese Zeichen erklären?

Spielstraße

Vorsicht,
Zebrastreifen

Einbahnstraße

Ampel

Haltestelle

Fußgängerweg

# Kennst du diese Zeichen?

**1** Welcher Satz passt zu welchem Bild?
Guck, da oben!
Komm mal her!
Ich will über die Straße!
Puh, das stinkt!
Das ist zu laut!
Sei leise!

**2** Wenn du selbst ähnliche Zeichen kennst,
dann führe sie deiner Klasse vor, zum Beispiel:
Hau ab!
Ich mag dich!
Auf Wiedersehen!
Ich weiß nicht!

# Meine Freunde, meine Freundinnen

Peter

Anna

Sarah

Ali

> Menschen haben **Namen:** *Anna, Peter, . . .*
> Namen schreiben wir groß.

**1** Schreibe die Namen deiner Freunde und Freundinnen in dein Heft.

## Bella

Das ist mein Meerschweinchen. Bella ist zwei Jahre alt. Jeden Tag bekommt sie Körner, Möhren oder Löwenzahn. Manchmal gebe ich ihr einen Apfel. Wenn ich aus der Schule komme, quiekt sie ganz laut. Sie will gestreichelt werden. Ihren Stall reinige ich jeden Freitag.

**2** Schreibe die Dinge, die einem Meerschweinchen als Nahrung dienen, in dein Heft. Vergiss den Begleiter nicht.

der Löwenzahn, . . .

> Tiere, Pflanzen und Dinge haben Namen.
> Wörter wie *Meerschweinchen, Löwenzahn, Stall*
> nennen wir **Namenwörter**.
> Namenwörter haben **Begleiter**:
> *der, die, das* oder *ein, eine:*     *die* Katze, *eine* Katze

# Meine Spielsachen

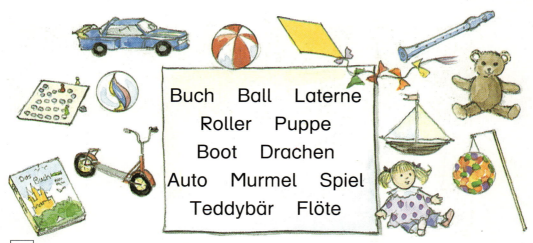

Buch   Ball   Laterne
Roller   Puppe
Boot   Drachen
Auto   Murmel   Spiel
Teddybär   Flöte

**1** Ordne diese Spielsachen nach dem Begleiter.
Schreibe so: der: der Teddybär, . . .

    die:

    das:

## Namenwörter können auch in der Mehrzahl stehen:

Meine Freundin Sarah liest gern *Bücher*.
Ich spiele am liebsten mit meinen *Puppen*.
Mit Peter und Ali machen wir oft *Spiele* oder lassen
unsere *Autos* um die Wette sausen.

**2** Trage diese Namenwörter in eine Tabelle ein.
Ergänze die Einzahl.

| Einzahl | Mehrzahl |
| --- | --- |
| das Buch | die Bücher |
| . . . | . . . |

**3** Suche noch mehr Spielsachen und schreibe sie in die Tabelle.

> Namenwörter können Einzahl und Mehrzahl haben:
> *das Buch – die Bücher, die Laterne – die Laternen,*
> *der Roller – die Roller.*
> Der Begleiter für die Mehrzahl heißt immer *die.*

# Wir können viel zusammen tun

schreiben

spielen

streiten

singen

helfen

sprechen

malen

toben

klettern

schwimmen

kitzeln

hüpfen

trösten

**1** Was könnt ihr noch zusammen tun?

> Wörter, die uns sagen, was jemand tut
> oder was passiert, nennen wir **Tunwörter**:
> malen, helfen, regnen . . .

**2** Schreibe auf, was du mit deiner Freundin oder deinem Freund
gern tust. Unterstreiche die Tunwörter.
Schreibe so: Ich spiele gern mit meinem Freund Jonas.

**3** Sucht Tunwörter, die man vorspielen kann.
Schreibt sie auf Wortkarten und macht ein Ratespiel.

# Meine Familie und ich

Wenn meine Oma Luise Geburtstag hat, kommen alle:
Tanten, Onkel, Schwestern, Brüder, Enkel, Opa, Omi,
Vater, Mutter.

**1** Was ist denn hier los? Beschreibe.

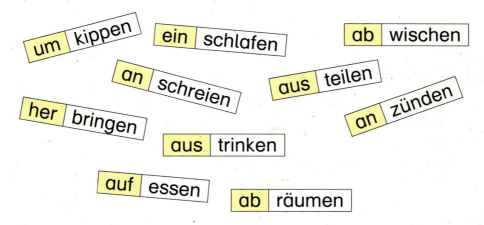

**2** Schreibe Sätze zum Bild in dein Heft:
Opa schläft ein .
Lisa schreit Peter an .

. . .

# IDEENKISTE

**Mein Schatten ...**

## Schattenbildnis
Du brauchst
- eine Lampe
- Klebeband
- schwarzes Papier
- einen Bleistift
- weiße Kreide
- eine Schere.

**Ich sehe was, was du nicht siehst, und das ist . . .**

## Ich-Spiel

## Ich-Rätsel
Ich sehe aus wie eine Katze.
Ich habe Haare wie eine Katze.
Ich fange Mäuse wie eine Katze
und bin doch keine Katze.

Kater

## Ich-Geschichte
Wenn ich Angst habe,
dann . . .

## Familien-Wörter

Baby
Geburtstag
Großmutter
heißen
Onkel
Schwester
Tante
Verwandtschaft
wohnen

# Freunde

# Freundin? – Freund?

Das ist meine Freundin Olivia.

Das ist mein Freund Oliver.

Ich treffe mich gern mit Oliver.
In der Schule arbeite ich gern mit Olivia zusammen.
Am Nachmittag fahre ich mit ihm
　　manchmal ins Schwimmbad.
Wenn ich etwas nicht kann, dann hilft sie mir.
Ich mag ihn, denn er hat oft gute Ideen.
Sie hat oft witzige Einfälle,
　　dann muss ich über sie lachen.

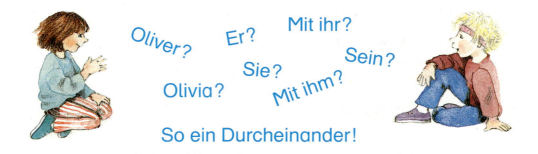

Oliver? Er? Mit ihr? Sein? Sie? Olivia? Mit ihm?

So ein Durcheinander!

**1** Hier sind zwei Geschichten durcheinander geraten.
Kannst du erkennen, welche Sätze zu Olivia
und welche zu Oliver gehören?

**2** Schreibe eine der beiden Geschichten richtig auf.
Wenn du möchtest, kannst du auch beide aufschreiben.

## Silke will mitspielen

Silke ist mit ihren Eltern umgezogen.
Sie ist traurig, weil sie noch keine Freundin
   und keinen Freund hat.
Sie möchte gern mit den anderen Kindern
   auf dem Spielplatz spielen.
Aber sie fürchtet sich.
„Was soll ich nur sagen?", denkt sie.

**1** Was könnte Silke sagen?
Gefallen euch diese Vorschläge?
Sprecht darüber und spielt eure Ideen vor.

Darf ich mitspielen?

Schau mal, in deiner Hose ist ein Loch!

Du hast aber schöne Spielsachen! Darf ich mitspielen?

Wie heißt du?

Leihst du mir deinen Eimer?

## Ein Rollenspiel

Eine Gruppe von Kindern spielt miteinander.
Da kommt ein fremdes Kind dazu und möchte
mitspielen.
Wie verhalten sich die Kinder in der Gruppe?

**2** Spielt diese Szene einmal vor.

# Mein Freund – meine Freundin

blonde Haare
schwarze Locken
grüne Augen
blaue Augen
abstehende Ohren
eine große Zahnlücke
eine blaue Hose
ein rotes Hemd

**1** Wie sieht Tina aus? Wie sieht Tim aus?
Beschreibe die beiden.

Tina hat schwarze Locken.        Tim hat …
Sie …

---

Wörter, die uns sagen, wie Menschen, Tiere,
Pflanzen und Dinge sein können, nennen wir
**Wiewörter**: *braun, gestreift, lustig, . . .*

---

| Haare können so sein: | Kleidungsstücke können so sein: | Kinder können so sein: |
|---|---|---|
| braun, rot, glatt, kurz, lang, blond | gelb, gestreift, kariert, eng | lustig, nett, lieb, traurig |

**2** Beschreibe deine Freundin oder deinen Freund.
Die Wiewörter in den Kästchen helfen dir:

Meine Freundin hat braune Augen. Sie …

**3** Unterstreiche die Wiewörter in deinem Text.

---

Wiewörter stehen oft zwischen Begleiter und
Namenwort:  die *blauen* Augen

---

# Wir raten zusammen

**1** Verbinde deinem Freund oder deiner Freundin
die Augen. Lege einige Dinge auf den Tisch.
Jetzt könnt ihr fühlen und raten.

**2** Wie fühlen sich die Dinge an?
Schreibe so:

Der Ball ist rund.
Der Radiergummi . . .

rund

dunkel

gelb

schmal

klein

hart

fest

blau

eckig

spitz

stumpf

groß

breit

lang

**3** Beschreibe einige Dinge im Klassenzimmer genau.
Deine Klassenkameraden sollen sie erraten.
Die Wiewörter auf den Wortkarten können dir helfen.

**4** Schreibe auf, wie Dinge sind:
der eckige Tisch, die grüne . . .

Unterstreiche die Wiewörter.

# Das gebrochene Bein

Tommi ist mit dem Fahrrad hingefallen.
Dabei hat er sich das Bein gebrochen.
Nun liegt er im Krankenhaus.
Er liest die Briefe, die er von den Kindern
aus seiner Klasse bekommen hat.

Thomas Krüger
Krankenhaus
Zimmer Nr. 2
...weg

Lieber Tommi,
morgen kommen wir
dich besuchen.
Freust du dich?
Liebe Grüße
Laura und Lukas

Hallo, Tommi,
gestern haben wir
Fußball gespielt.
Schade, dass du
nicht da warst.

Lieber Tommi,
wie geht es dir?
Mir geht es gut.
Liebe Grüße
Hanna

Hallo, Tommi,
tut dein Bein noch weh?
Mein Bruder sagt,
dass man auf dem Gips
schreiben kann.
Mach das mal,
wenn's langweilig ist.
Kirsten

**1** Welcher Brief gefällt dir besonders gut? Welcher nicht?

**2** Die Geschichte von Tommi könnt ihr auch als Diktat schreiben.
In der Rechtschreib-Werkstatt auf Seite 93 steht,
wie ihr üben könnt.

**3** Du kannst auch einen Brief schreiben.
Was könntest du deiner Freundin oder deinem Freund mitteilen?
Davon kannst du erzählen:

Radtour         Zoobesuch                    Klassenfest

    Ausflug         Geburtstag                    . . .

| A | Da hört Tommi auf einmal Schritte auf den Stufen. |
|---|---|
| B | Dann sitzen alle zusammen und spielen miteinander. |
| C | Die Kinder fahren mit ihren Fahrrädern vorbei. |
| D | Seine Freunde kommen ihn besuchen. |
| E | Tommi schaut aus dem Fenster. |
| F | Sie haben Bälle auf den Gepäckträgern. |
| G | Draußen sieht er Häuser, Bäume, Männer und Frauen. |
| H | Sie werden hereingelassen. |
| I | Dann klingelt es. |
| J | Sie bringen Spiele, Bauklötze und Bücher mit. |

**4** Schreibe die Sätze auf Satzstreifen und ordne sie.
Wenn du die Sätze in die richtige Reihenfolge gebracht hast,
wird eine kleine Geschichte daraus.

**5** In der Geschichte findest du viele Namenwörter
in der Mehrzahl. Schreibe sie in der Einzahl auf:

Häuser – das Haus

> In der **Mehrzahl** wird aus einem *a* oft ein *ä*,
> aus *o* ein *ö*, aus *u* ein *ü*:
> *Kamm – Kämme, Loch – Löcher, Turm – Türme*

**6** Langweilt ihr euch auch manchmal?
Erzählt, wie euch dabei zumute ist.

Ei – ne klei – ne Mi-cky-maus

zog sich mal die Hose aus,
zog sie wieder an,
und du bist dran.

Zählt weiter. Wer auszählt, zählt sich selbst auch mit.
Wer ist bei dem Wort du an der Reihe?

Zu Abzählversen kann man auch gut klatschen oder klopfen.
Probiert es aus.

Könnt ihr selbst einen Abzählvers erfinden?

1, 2, 3, vier, fünf, sechs, sieben,
in der Schule wird geschrieben,
in der Schule wird gelacht,
bis der Lehrer Handstand macht.

Ene mene monkel . . .
Dene mene mopf . . .

# Von Katzen, Hunden und anderen Tieren

# Von Katzen und Hunden

## Utas Katze

Nina besucht ihre Freundin Uta.
Uta hat eine kleine Katze.
Die Katze spielt mit einem Ball.
Sie sieht lieb aus.
Wenn Uta sie streichelt, schnurrt sie.
Am liebsten möchte Nina auch eine Katze haben.
Aber was würde ihre Mutter dazu sagen?

**1** Wer von euch hat ein Tier? Wer möchte eines haben?
Warum geht das manchmal nicht?

**2** Schreibe die Geschichte ab. Übe sie als Diktat.
Sieh auch auf Seite 93 in der Rechtschreib-Werkstatt nach.

## Was macht die Katze?

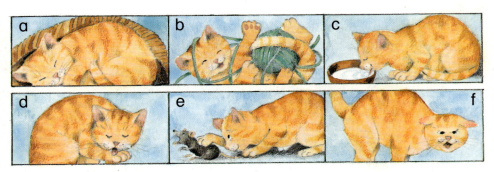

trinkt Milch    spielt mit Wolle    putzt sich
faucht    schläft im Körbchen    fängt eine Maus

**3** Schreibe auf, was die Katze auf den Bildern tut.
Die Katze schläft im Körbchen. Die Katze …

**4** Unterstreiche in deinem Heft die Tunwörter
aus deiner Katzengeschichte.

# Was macht der Hund?

bellen    kratzen    klettern    schnurren    jaulen
schwimmen    beißen    trinken    singen    lesen
hecheln    fliegen    knurren    miauen    schlafen

**5** Schreibe in dein Heft, was der Hund tut. Schreibe so:
Der Hund schwimmt. Der Hund …
Unterstreiche die Tunwörter in deinem Text.

**6** Schreibe auf, wie dein Lieblingstier aussieht und was du alles
von ihm weißt.

Weißt
du noch?

Wörter, die uns sagen, was jemand tut oder was passiert,
nennen wir Tunwörter.

35

# Eine Weitergeb-Geschichte

Eines Tages bekam unsere Katze Mimi Lust
auf den Baum vor unserem Haus zu klettern.
Als sie gerade oben war,
kam Hasso und bellte laut.
Vor Schreck sprang Mimi
zur Dachrinne hinüber.
Da saß sie nun
und konnte nicht mehr zurück.
Sie miaute und schrie.
Da . . .

1 Schreibt die Geschichte weiter. Wenn ihr nicht wisst,
wie man eine Weitergeb-Geschichte schreibt,
seht in der Schreib-Werkstatt auf Seite 84 nach.

## Was die Maus träumt

**1** Was träumt wohl diese Maus?
Ist es ein schöner oder ein böser Traum für sie?

### Mäuse- und Katzensätze

Die Maus will die Katze fressen.
Die Katze will die Maus fressen.
Die Katze hat Angst.
Die Katze will weglaufen.
Die Maus rennt weg.
Die Maus fühlt sich sehr stark.

**2** Welche Sätze passen zu dem Bild oben?
Suche die Sätze heraus. Schreibe sie in dein Heft.

**3** Denke dir eine Geschichte zu dem Bild aus.
So könnte sie anfangen:
Es war einmal eine kleine Maus.
Eines Tages . . .

**4** Lest euch eure Geschichten gegenseitig vor.

## Elmar, der Elefant

Elmar war ein kleiner Elefant.
Alle anderen Elefanten
waren elefantenfarben,
nur Elmar nicht.
Elmar war bunt.
Er war gelb, orange, rosa, lila,
blau, grün, schwarz und weiß.

## Bastelanleitung

Einen Elmar kannst du dir basteln.
Du brauchst: Stifte, Schere, 1 Musterklammer, 1 Locher.
So geht es:

1. Zeichne die Teile größer auf weißen Karton.
2. Male sie bunt an.
3. Schneide die drei Teile aus.
4. Loche sie mit einem Locher.
5. Verbinde sie mit einer Musterklammer so,
   dass Teil 1 ganz unten liegt, darüber Teil 2
   und dann Teil 3.

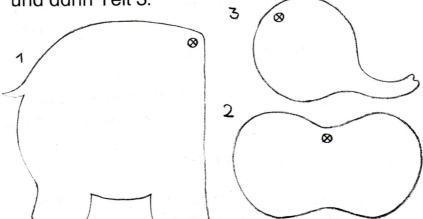

## Elefantentrott

Text und Melodie: Margarete Jehn

1. Ein E - le - fant, der trottet durch den Wald — hebt sei - nen

Rüs - sel, die Trom - pe - te schallt! Will nicht al - lei - ne sich die

Welt be - sehn, bit - tet ei - nen an - dern: Du sollst auch mit - gehn!

**1** Singt und spielt das Lied.
In jeder Strophe kommt ein Elefant dazu.

**2** Schreibe den Text für zwei Elefanten in dein Heft.
So musst du anfangen:

Zwei Elefanten trotten durch den Wald . . .

## Zungenbrecher

Zwischen zwei Zwetschgenzweigen
zwitschern zwei Schwalben.

Der dicke Drache trägt
den dünnen Drachen durch den Dreck.

Esel essen Nesseln nicht.
Nesseln essen Esel nicht.

Die Katze tritt die Treppe krumm.

**3** Kannst du diese Zungenbrecher ganz schnell sagen
ohne dich zu verhaspeln? Versuch's mal!

# IDEENKISTE

Informationen über Tiere sammeln, die vom Aussterben bedroht sind.

Tierlieder lernen, z. B.:

Ich bin 'ne kleine Schnecke

Zaubertiere basteln oder malen, z. B.: ein Eledil.

Tiere für einen Zoo oder einen Bauernhof kneten.

Ein Buch über Tiere herstellen:
Jeder sucht sich ein Tier aus
und schreibt auf,
was er für wichtig hält.
Dazu wird ein Bild gemalt.

Für jeden Buchstaben des ABCs mindestens ein Tier finden.

Tierberichte aus Zeitungen ausschneiden und an die Pinnwand heften.

Tierbücher aus der Bücherei besorgen und lesen.

## Tier-Wörter

Aquarium
Federn
Fell
Fisch
Futter
Hamster
Kanarienvogel
Korb
Meerschweinchen
Wellensittich

# Durch das Jahr

## Die zwölf Monate

Im Januar fängt an das Jahr.
Sehr kalt ist oft der Februar.
Im März der Winter scheiden will.
Der Osterhas' kommt im April.

Im Mai freut sich die ganze Welt.
Im Juni blüht das Korn im Feld.
Im Juli pflückt man Kirsch' und Beer'.
August plagt uns mit Hitze sehr.

September reift den guten Wein.
Oktober fährt Kartoffeln ein.
November tobt mit Schnee und Wind.
Dezember uns das Christkind bringt.

1   Lies das Gedicht mehrmals durch.

2   Schreibe die Strophe ab,
in der dein Geburtstagsmonat vorkommt.

3   Kannst du auch einige Sätze aufschreiben, in denen steht,
was in diesem Monat sonst noch geschieht?

**Wörter und Silben**

Es gibt Wörter mit einer Silbe (Herbst),
mit zwei Silben (Win-ter), mit drei Silben
(Weih-nach-ten) und mit noch mehr Silben
(Som-mer-fe-ri-en-rei-se).
Nach einer Silbe können wir Wörter am
Zeilenende trennen.

**4** Schreibe die 12 Monatsnamen der Reihenfolge nach auf.
Sprich die Wörter deutlich Silbe für Silbe aus.
Trenne die mehrsilbigen Wörter nach Silben.

Ja – nu – ar, Feb – . . .

Welche beiden Monatsnamen haben nur eine Silbe?

## Silbenrätsel

1. So heißt der kürzeste Monat im Jahr.
2. Dies ist die wärmste Jahreszeit.
3. In dieser Jahreszeit kommt der Osterhase.
4. In dieser Jahreszeit ist Weihnachten.
5. Das ist der 10. Monat im Jahr.
6. Davon gibt es in jedem Jahr 12.

**5** Setze die Silben zu Wörtern zusammen.
Kreise die Buchstaben, die im Rätsel farbig sind, im Heft ein.
Nacheinander gelesen, ergeben diese Buchstaben
eine Zeit im Jahr, die alle Kinder gern haben.

# Viel Spaß!

Auf der Seite nebenan findet ihr einen Spielplan.
Die Fragekarten müsst ihr selbst basteln.
Vorschläge für Fragen findet ihr hier.
Natürlich könnt ihr auch eigene Fragen aufschreiben!

| | | |
|---|---|---|
| Wie heißt der kürzeste Monat im Jahr? | In welchem Monat feiern wir Weihnachten? | Wie viele Monate hat ein Jahr? |
| In welcher Jahreszeit gibt es Osterferien? | An welchem Tag gibt es in diesem Jahr Sommerferien? | In welchem Monat beginnt der Frühling? |

Wie viele Tage hat der August?

An welchem Tag kommt der Nikolaus?

Wann ist in diesem Jahr Muttertag?

Wie viele Jahreszeiten hat ein Jahr?

**1** Schreibt auf jede Karte nur eine Frage.

**2** Auf die Rückseite der Karte kommt die passende Antwort.
Zeigt die Antwort eurer Lehrerin oder eurem Lehrer,
damit sich keine Fehler einschleichen.

## Nun kann's losgehen

1. Karten mischen und mit den Fragen nach oben neben das Spiel legen.
2. Der Reihe nach würfeln und setzen.
3. Wenn du auf ein Feld mit ? kommst, beantwortest du die erste Frage.
4. Ist die Antwort richtig, darfst du stehen bleiben, wenn nicht, gehst du zwei Felder zurück.
5. Die oberste Karte kommt nun unter den Stapel.

Start

Ziel

1  Baue die Schneewürfel zusammen.
   Schreibe so: ich rolle, du . . .

2  Schreibe mit diesen Wörtern eine Geschichte.

## Winterfreuden

Ich ___ ein Schneehaus.
Peter ___ mit Schneebällen.
Du ___ durch den Schnee.
Wir ___ im Schnee herum.
Die Kinder ___ mit dem Schlitten.
Ihr ___ über das Eis.

rutschen
stapfen
bauen
springen
fahren
werfen

3  Setze die Tunwörter auf den Wortkarten in der richtigen Form
   ein und schreibe die Sätze in dein Heft.

Es hat geschneit. Peter freut sich.
Er will im Garten einen Schneemann bauen.
„Zieh deine Jacke und deine Stiefel an!
Denke auch an Mütze, Schal und Handschuhe!",
sagt seine Mutter.

**1** Was soll Peter anziehen?

**2** Diese Kleidungsstücke kannst du im Winter tragen:

Strumpf          Winter          Hand

                 Pudel           Fell

Setze die Namenwörter zusammen. Schreibe sie
mit Begleiter auf. So kannst du es machen:

die Hand – die Schuhe = die Handschuhe.

**3** Versuche möglichst viele Namenwörter zu finden,
die mit Schnee zusammengesetzt werden können,
z. B. Schneeflocke.

**4** Die Geschichte von Peter könnt ihr euch auch diktieren.
Sieh in der Rechtschreib-Werkstatt auf Seite 93 nach,
wie du üben kannst.

> Zusammengesetzte **Namenwörter** helfen uns,
> Dinge genauer zu beschreiben.

# IDEENKISTE

Kennt ihr Anziehpuppen aus Papier?
Früher haben alle Kinder gern damit gespielt.
Wenn ihr euch eine basteln wollt,
bittet eure Lehrerin oder euren Lehrer,
euch eine Vorlage zu geben.

Fensterbilder sehen in jeder
Jahreszeit hübsch aus und
sind leicht zu basteln.

Kannst du auch so ein
Wörterbild zu einer der
vier Jahreszeiten malen?

## Winter-Wörter

Eisblumen
Frost
gefährlich
rodeln
rutschen
Schi, Ski
Schlitten
Schlittschuhe
Schneeflocken
Schneemann

# Feste und Feiern

## Wir wollen heute lachen

Volker Rosin

1. Wir wollen heute lachen üben.
   Denn das Lachen macht Vergnügen –
   ha ha ha ha ha.
   Ha ha ha ha ha . . .

2. Die Hexen auf dem Besen lachen:
   hi hi hi hi hi,
   kichern über böse Sachen – hi hi hi hi hi . . .

3. Und jetzt so, wie's die Räuber machen:
   ho ho ho ho ho,
   lachen, dass die Wände krachen – ho ho ho ho ho . . .

4. Und Schlossgespenster nachts im Bette:
   hu hu hu hu hu,
   lachen schaurig um die Wette – hu hu hu hu hu . . .

5. Und alle Kinder, große, kleine: ? ? ? ? ?,
   lachen jetzt einmal alleine – ? ? ? ? ?
   (Wie lachst du?)

# Geburtstag

Viel Glück und viel Segen auf all deinen Wegen, Ge-
sundheit und Freude sei auch mit da - bei.

Heute hat Tobias Geburtstag.
In der Klasse steht auf seinem Tisch eine Kerze.
Alle singen das Geburtstagslied für ihn.

Benni Pasch
Alter Zoll 25

❤ lichen
Glückwunsch

von Benni

Uta Heller
Sonderstr. 4
50330 Hingam

...as Weber
...en Str. 15
...wagen

Viele
Geburtstagsgrüße
sendet dir
deine Uta

1 Schreibe und male eine Glückwunschkarte
für ein Geburtstagskind.

Tobias hat für den Nachmittag
viele Freunde eingeladen.
Er hat alle Einladungen selbst geschrieben
und gemalt.

Eine Einladung muss alle wichtigen Informationen
enthalten:
Für wen ist die Einladung?
Was, wann und wo wird gefeiert?
Wer lädt ein?

2 Bastle eine Einladungskarte
und schreibe eine Einladung zum Geburtstag.

3 Bedanke dich für die Einladung von Tobias.
Du kannst kommen/nicht kommen . . .

# Viele Geschenke

Am Nachmittag kommt der Besuch.
Die Geschenke, die Tobias bekommt, gefallen ihm gut.
Die Kasperpuppe von Anne ist bunt,
das Kartenspiel von Michael ist lustig,
der Pullover von Oma ist warm,
die Schokolade von Verena ist süß,
das Buch von Kevin ist spannend
und die Torte von Onkel Eugen ist lecker.

**1** Schreibe auf, was Tobias alles bekommt:

*Er bekommt eine bunte Kasperpuppe,*
*ein . . .*

> **Wiewörter** sagen uns, wie etwas sein kann:
> *gut, bunt, schön, . . .*

**2** Tobias schreibt seiner Oma einen Brief
und bedankt sich für den Pullover.
Hilf ihm!

*Liebe Oma,*

# Hier wird gefeiert

1 Setze die Namenwörter zusammen.
Schreibe sie mit Begleiter auf:

die Geburtstagsfeier, . . .

Du kannst diese Wörter auch in der Mehrzahl aufschreiben.

| | | |
|---|---|---|
| die Kerze | der Kalender | die Karte |
| das Geschenk | das Kind | das Licht |
| der Gast | die Torte | der Tisch | der Gruß |

2 Kannst du mit einigen zusammengesetzten Namenwörtern
Sätze schreiben?

Die Klasse 2 a plant ein Klassenfest.

Es soll ein **Gruselfest** werden.

Wir können unsere
Eltern bitten,
uns zu helfen!

Wir machen
Musik und tanzen!

Welche Gäste
laden wir ein?

Welche Lieder
singen wir?

Ob wir
Kuchen
backen?

Wir müssen
unsere Klasse
schmücken!

Nein, wir
machen lieber
einen Salat!

Wir verkleiden
uns als Gespenster!

Sammelt weitere Ideen
und verteilt die Aufgaben.
Ihr könnt euch einen Plan machen.

# Die Welt um uns herum

# Etwas für die Umwelt tun

1. Auf der Straße ist viel los.
   Sprecht darüber.

2. Schreibt noch einige Fragen auf, die ihr habt:
   *Wie könnten wir Wasser sparen?*

   . . .

   Die Fragewörter helfen euch dabei.

*Wer? Wie? Wohin? Was? Wann? Warum? Womit?*
sind **Fragewörter**.
Nach **Fragesätzen** setzen wir ein **Fragezeichen**.

**3** Was können wir für die Umwelt tun?
Sammelt eure Ideen und schreibt sie auf.
Denkt dabei an den Müll, an Plastik, an Glas, . . .

**Anne**

Ich benutze
nur noch
Holzbuntstifte.

**Opa**

Ich schreibe nur noch
auf Umweltpapier.

**Tim**

Ich kaufe nur noch
mit Stofftasche ein.

**Julia**

Ich schreibe auch auf Recycling-Papier.

**Susi**

Ich esse
Gummibärchen
mit Naturfarbstoff.

Und was machst du?

**4** Was tun diese Menschen? Schreibe so:
Anne benutzt nur noch Holzbuntstifte.
Tim kauft . . .
Opa schreibt . . .

# Spielen und feiern

**1** Stellt euch vor, für einen Tag gehörte die Straße
euch ganz allein. Was würdet ihr tun? Erzählt einmal.

- Fußball spielen
- Gummitwist hüpfen
- tanzen
- turnen
- Fangen spielen
- Picknick machen
- Verstecken spielen
- Ball spielen
- auf Stelzen laufen
- Indianerzelt aufbauen
  und vieles mehr

**2** Schreibe auf, was du selbst mit deinen Freundinnen und
Freunden tun würdest.

Wir spielen auf der Straße Fußball.
Ich . . .

**3** Was kann hier anders gemacht werden?
Redet darüber und malt oder spielt eine Lösung.

# Der kleine Baum

Es war einmal ein kleiner 🌳 . Er stand an einer

großen 🚏 . Jeden Tag fuhren viele 🚗🚗

an ihm vorüber. Es stank ganz entsetzlich.

Bald wollte der kleine 🌳 nicht mehr weiterleben.

Da kam ein 🐦 geflogen und erzählte ihm von

einem schönen Platz, wo es keine 🚗🚗 gibt.

Der kleine 🌳 nahm seine letzte Kraft zusammen

und zog an seinen 🪵 . Da geschah ein Wunder!

Aus den 🪵 waren 🦶 geworden.

**1** Lies die Geschichte vor.
Das sind die Wörter, die hineingehören:

| Autos | Baum | Füße | Straße | Vogel | Wurzeln |

**2** Schreibe die Geschichte zu Ende.
Setze die richtigen Wörter ein.
Male ein Bild dazu, wenn du willst.

# IDEENKISTE

Sät doch mal Wildblumen aus...
...für die Schmetterlinge

Was können wir
aus Müll basteln?

Umweltschutz beginnt
in eurer Klasse!

Vielleicht ein Müllmonster?

**Aktion**
Sauberer Schulhof

**Plakat**
Vom Aussterben bedrohte Tiere

**Geschichte**
Als es noch keine Autos gab

**Umwelt-Wörter**

sauber
schmutzig
schützen
sterben
wachsen

Ausstellung zur
Umweltverschmutzung

# Mädchen und Jungen

Ball
Skateboard
Fahrrad
Puppe
Werkzeug
Auto
Rennbahn
Computer
Teddy
Kochherd
Schlitten
Lego
?

**1** Womit spielt ihr gern? Spielt es vor.

**2** Schreibe auf, womit Mädchen oder Jungen spielen.

Wie Kinder sind

| Jungen | Mädchen |
| --- | --- |
| stark, mutig, böse, frech, schmutzig, ungezogen, vorlaut, witzig, unhöflich . . . | schwach, lieb, nett, schön, artig, sauber, ängstlich, hübsch, brav, lustig . . . |

**3** Stimmt das? Sprecht darüber!

# Auffordern und bitten

Lars soll
Marius loslassen.

Ingo soll Julia,
Sabrina und Ina
nicht beim Spielen
stören.

Miriam soll aufhören,
Ingo zu ärgern.

Lars soll Ali
nicht immer
anschreien.

Hör auf,
mich zu ärgern!

**1** Sprecht die Sätze, die die Kinder sagen.

**2** Schreibe zu jeder Aussage einen Satz mit Ausrufezeichen auf.
Diese Wörter können dir helfen:

stör, lass, hör auf, schrei, verschwinde, ärgere

**3** Kannst du in deine Sätze auch das Wort  bitte  einbauen?
Lies die Sätze mit und ohne  bitte  vor. Wie klingen sie?

**4** Auch hier kannst du Sätze mit  bitte  bilden:

| | |
|---|---|
| nicht so schnell laufen | mich in Ruhe lassen |

den Radiergummi zurückgeben

mir helfen, meinen Spitzer zu suchen

| | |
|---|---|
| von der Tür weggehen | nicht in die Pfütze treten |

Diese Wörter helfen dir dabei:
lauf, gib, hilf, lass, geh, fahre, tritt

> Hinter eine besonders nachdrückliche **Bitte** oder
> **Aufforderung** setzen wir ein **Ausrufezeichen**:
> *Lass mich los!*

# Sagen, was uns stört

Lach mich nicht aus, Miriam!

Sabrina soll mich mitspielen lassen.

**Ingo**

**Marius**

Lars soll an der Klassentür nicht drängeln.

Julia soll nicht immer meinen Radiergummi benutzen.

**Regeln**
Alle sollen zu
Wort kommen.
Jeder darf
ausreden.
Wir hören zu,
wenn andere
sprechen.

**Ina**

**Sabrina**

Ina soll nicht auf mein Blatt kritzeln.

Ingo soll uns beim Gummitwist nicht stören.

Marius soll nicht lachen, wenn ich mit Mädchen spiele.

**Ali**

Ali soll nicht meine Mütze herunterziehen.

**Julia**

**Lars**

**Miriam**

1️⃣ Lies vor, was die Kinder denken.

2️⃣ Sprecht aus, was die Kinder wirklich sagen.

3️⃣ Schreibe nun in dein Heft, was sie sagen.
Denke an das Ausrufezeichen.
Lass mich mitspielen!

4️⃣ Was ist für eure Gespräche wichtig?
Schreibt Gesprächsregeln auf. Hängt sie in die Klasse.

## Eine Streitgeschichte

**1** Schau dir die Bilder an. Erzähle die Geschichte.

An einem Nachmittag spielte Songül
auf dem Spielplatz.
Sie war allein und schaukelte.
Da kam ihre Freundin Miriam.
Sie wollte auch schaukeln.
Die beiden stritten sich,
weil Songül gern weiterschaukeln wollte.
Miriam lief davon und rief:
„Du bist nicht mehr meine Freundin!"
Am nächsten Tag tat es Miriam leid,
dass sie sich mit Songül gestritten hatte.
Sie wollte sich entschuldigen.
Aber wie?

**2** Was könnte Miriam tun? Was könnte Songül tun?
Sprecht darüber. Die Bilder können euch helfen.

**3** Hast du dich schon mal bei jemandem entschuldigt?
Erzähle davon.

## Wir sind
## die besten Freunde

Angela Hopf

## Streiten muss sein!

Irmela Brender

Streiten muss sein!
   Nein! Nein!
Streiten macht frei!
   Es ist bloß Geschrei!
Streiten tut gut!
   Es steigert die Wut!
Streiten macht Spaß!
   Es erzeugt Hass!
Streiten ist fein!
   Streit ist gemein!

Und was
machen
die beiden?

   Sie streiten.

---

**Streit-Wörter**
**Versöhnungs-Wörter**

ärgern
Gespräch
miteinander
schimpfen
streiten
traurig
trösten
sich vertragen
wütend

# Lieblingsbücher

Uta hat ein neues 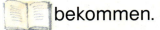 bekommen.

Es ist eine spannende Geschichte über  und .

Nun sitzt sie im  und liest und liest.

Plötzlich raschelt es hinter dem  .

Uta schaut vom 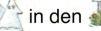 auf. O weh!

Kommen da  oder in den ?

Nein, es ist eine Igelmutter mit drei Igelkindern.

**1** Schreibe die Geschichte ab.
Diese Wörter gehören hinein:
**Baum, Buch, Garten, Gespenster, Vampire**

**2** Finde eine Überschrift für die Geschichte.

**3** Du kannst diese Geschichte auch als Diktat schreiben.
Wie du üben kannst, steht in der Rechtschreib-Werkstatt auf
Seite 93.

Wenn jedes Kind der Klasse
sein Lieblingsbuch mitbringt,
könnt ihr
– eine Ausstellung machen,
– gemeinsam lesen,
– euch gegenseitig vorlesen,
– Bücher verleihen oder ausleihen.

Barbara Bartos-Höppner

**Kommst du mit, Kolja?**

Mit Bildern von Annegert Fuchshuber

Josef Guggenmos
Herr Dachs lädt zum
Geburtstag ein

SONNE MOND
UND STERNE

Irina Korschunow

**Wuschelbär**

Mit Bildern von Reinhard Michl

Mein Lieblingsbuch
heißt Olchis Familie.

Das Buch ist so toll, weil
es so komisch und so
schön ist. Ich habe viele
Lieblingsbücher:

Hüseyin

Olchis

Mein Lieblingsbuch
heißt Wuschelbär

Das Buch ist so toll
weil dadrin die
Bilder so schön
sind.

Johanna

Mein Lieblingsbuch
heißt: Donald Duck

Das Buch ist so toll, weil
es so lustig ist.

ALEXANDER E

**4** Welches Buch gefällt dir besonders gut?

**5** Schreibe auf, wie es heißt, und male etwas dazu.

**6** Kannst du auch erzählen oder aufschreiben,
was dir an dem Buch so gut gefällt?

**7** Übe ein Stück, das du in deinem Buch
besonders schön findest und lies es den Kindern
in deiner Klasse vor.

# In der Bücherei

| Liederbücher | Tierbücher | Kochbücher |

| Abenteuerbücher | Märchen | Witzbücher |

| Bastelbücher | Rätselbücher |

Richtig spannende Geschichten wären schön!

Ich suche Laternenlieder!

Wo finde ich etwas über Igel?

Ich möchte gern „Schneewittchen" lesen!

Ich möchte einen Drachen basteln!

**1** In welchen Abteilungen finden die Kinder die Bücher, die sie suchen? Schreibe so:

Spannende Geschichten stehen bei den ...

**2** In welche Art von Büchern gehört folgender Text?
Hundert Flöhe krabbeln auf einem Hund herum.
Der Hund steht auf und schüttelt sich.
Neunundneunzig Flöhe fallen herunter.
Der letzte hält sich fest.
„Gib's ihm, feste!", schreien die anderen.

# Wuschelbär

Wenn du dir ein Buch leihen oder kaufen willst,
solltest du zuerst auf dem hinteren Buchdeckel
den Text lesen. Du findest dort meist
eine kurze Beschreibung der Geschichte.
Dann weißt du gleich, ob dir das Buch gefallen könnte.

Hier ist ein solcher Text:

Wuschelbär wohnt bei Benjamin
im Kinderzimmer. Er schläft sogar
bei ihm im Bett. »Gute Nacht,
Wuschelbär«, sagt Benjamin.
»Ich hab dich lieb«,
sagt der Wuschelbär.
Doch auf einmal ist alles anders.
Es ist der Tag, an dem Wuschelbär
ein weißes Ding aus dem Bach
fischt: einen weißen, durchnässten
Teddybären. Benjamin sorgt sich
um ihn und hat ihn bald ebenso
lieb wie seinen braunen
Wuschelbär.
›Ich will keinen Bruder haben‹,
denkt Wuschelbär und stapft
trotzig in den Wald hinein . . .

**1** Lies diesen Text durch.
Schreibe die Antworten auf die Fragen in dein Heft.

Von wem wird in dem Buch erzählt?
Was fischt Wuschelbär aus dem Bach?
Wo schläft der Wuschelbär?
Warum rennt Wuschelbär wohl davon?

**2** Wäre das ein Buch, das dir gefallen könnte?
Kannst du aufschreiben, warum es dich interessiert?

Schüler und Schülerinnen der Klasse 2a haben viele schöne Blätter angefertigt. Sie wollen daraus ein Buch machen.

So entsteht das Buch:
- Diana und Marco wählen die Blätter aus.
- Ali und Susi suchen einen Namen für das Buch und gestalten die Titelseite.
- Sven und Nadja lochen die Blätter und heften sie mit einer Schnur zusammen.

Es gibt noch mehr Möglichkeiten, ein Buch zu binden.

In Klasse 2b ist beim Projekt Wald ein ganz anderes Buch entstanden.

Es gibt Mischwälder.
Im Mischwald findest du Laubbäume und Nadelbäume.
Wälder sind wichtig für das Gleichgewicht der Natur.
Wenn Wälder abgeholzt werden, verödet das Land.

Im Wald war alles still.
Nur die Vögel zwitscherten.

. . . Sachtexte sammeln . . .

. . . Erlebnisse erzählen . . .

Es ist
Es kann
Es lebt auf einem
Nachts fängt es
Eule

Birkenblatt
Eichenblatt
Krähenfeder

. . . Rätsel oder Witze suchen . . .

. . . deine Waldschätze aufkleben . . .

. . . und noch vieles mehr!

So wird das Buch vom Wald hergestellt.
- Du brauchst eine Schablone: Die Umrisse eines Baumes zeichnest du auf einen Karton und schneidest die Form aus.
- Nun überträgst du die Form auf Tonpapier.
- Du schreibst, druckst oder tippst deinen Text auf weißes oder buntes Papier und klebst die Seite auf die Baumform. Du kannst auch Blätter oder Früchte von Bäumen aufkleben.
- Gestalte das Deckblatt und gib dem Buch einen Namen.
- Jetzt heftest du die einzelnen Seiten zusammen. Du kannst die Seiten lochen und ein Band durchziehen.

Geschichten kannst du auch anders verpacken.
Hier sind ein paar Vorschläge. Hast du eigene Ideen?

Falte deine Geschichte wie eine
Ziehharmonika.
Klebe das Ende am Boden einer
Streichholz- oder Käseschachtel
fest. Schreibe den Titel
deiner Geschichte außen
auf die Schachtel.

Schreibe deine Geschichte auf
einen Papierstreifen.
Klebe das Ende an der Garnrolle
fest.
Wickle den Streifen auf.

Schreibe deine Geschichte auf
eine Papierrolle.
Binde sie mit einem Faden ganz
eng zusammen.
Stecke sie in eine Flasche.
Die Flasche sieht schöner aus,
wenn du sie mit Glasmalfarben
bemalst.

Schneide einen Schlitz in eine
Filmdose.
Schreibe deine Geschichte auf
einen Papierstreifen.
Rolle den Streifen auf und stecke
ihn in die Dose.
Du kannst nun den Papierstreifen
durch den Schlitz ziehen.

Hefte mehrere kleine Blätter
zusammen.
Teile sie in drei gleiche Abschnitte.
Du kannst hierfür Bleistift und
Lineal benutzen
oder das Papier falten.
Schreibe auf jedes Blatt einen
Satz aus drei Teilen
untereinander.
Schneide die Blätter an den Falz-
oder Bleistiftlinien ein.
Nun kannst du in deinem Buch
viele verschiedene Sätze
aufklappen.

# Es war einmal …

# Allerlei von Bären

Der Bär aber fing an zu sprechen und sagte: „Fürchtet euch nicht, ich tue euch nichts. Ich will mich nur ein wenig aufwärmen." Schneeweißchen und Rosenrot gewöhnten sich schnell an den Gast und begannen, mit ihm zu spielen. Sie zausten ihm das Fell mit den Händen, und wenn er brummte, lachten sie. Nur wenn sie's zu arg machten, rief er: „Lasst mich am Leben, ihr Kinder!"

Der Braunbär ist ein Tier mit plumpem Körper, kurzen Ohren, kleinen Augen und einem im Pelz verborgenen Stummelschwanz. Er frisst meist pflanzliche Stoffe und hält Winterschlaf. Der weiße Eisbär ist ein guter Schwimmer. Er haust im Norden am Strand und auf Packeis. Der Eisbär ist vorwiegend ein Fleischfresser.

1 Welcher der beiden Texte ist aus einem Märchen?
Woran merkst du das?

2 Kennst du dieses Märchen?

3 Wie unterscheiden sich die Bären in den beiden Texten?

4 In dem Bild ist eine Redensart versteckt.
Kennst du sie?
Weißt du, was sie bedeutet?

# Der süße Brei

Es war einmal ein armes Mädchen,
das lebte mit seiner Mutter allein.
Sie hatten nichts mehr zu essen.
Da ging das Kind hinaus in den Wald.
Dort begegnete ihm eine alte Frau,
die schenkte ihm ein Töpfchen.
Wenn es zu dem sagte: „Töpfchen, koche",
so kochte es guten Hirsebrei,
und wenn es sagte: „Töpfchen, steh",
so hörte es wieder auf zu kochen.
Nun aßen das Mädchen und seine Mutter süßen Brei,
so oft sie wollten.
Eines Tages war das Mädchen ausgegangen.
Da sprach die Mutter: „Töpfchen, koche."
Da kocht es, und sie isst sich satt.
Als das Töpfchen aber aufhören soll,
hat sie das Wort vergessen.
Also kocht es fort,
und der Brei steigt über den Rand hinaus
und kocht immerzu, die Küche und das Haus voll.
Er läuft auf die Straße,
als wollte er die ganze Welt satt machen.
Endlich aber kam das Mädchen heim und sprach:
„Töpfchen, steh!" Da hört es auf.
Wer aber in die Stadt wollte,
musste sich durch den Brei essen.

1 Lies dir die folgenden Fragen
zu dem Märchen durch,
und schreibe die Antworten in dein Heft.
- Wohin ging das arme Mädchen?
- Wer begegnete ihm im Wald?
- Wie heißen die beiden Zaubersprüche?
- Was passierte, als die Mutter allein zu Hause war?
- Wohin lief der Brei?

# Rotkäppchen

**1** Ordnet die Bilder. Welches Bild ist das erste?
Welches das zweite . . .?
Notiert die Ergebnisse an der Tafel.

**2** Schreibe zu jedem Bild mindestens einen Satz auf.
Diese Wörter kannst du verwenden:

Wolf  Großmutter  Blumen pflücken
Wald  Wein und Kuchen bringen  Jäger
krank zu Hause  nicht vom Weg abgehen
große Ohren, große Augen, große Hände
besser packen können  Bauch aufschneiden
glücklich bis ans Ende leben

# Das Traumfresserchen

Die Prinzessin von Schlummerland
hat ständig böse Träume.
Alle machen sich große Sorgen.
Als niemand mehr einen Rat weiß,
zieht der König in die Welt hinaus,
um ein Mittel dagegen zu suchen.
Er findet das Traumfresserchen,
einen kleinen Kobold,
der halb verhungert ist,
weil ihn niemand zum Essen einlädt.
Seine Lieblingsspeise sind böse Träume.
Mit folgendem Spruch muss der König
ihn einladen:

„Traumfresserchen, Traumfresserchen!
Komm mit dem Glasgäbelchen!
Sperr auf dein Schnapp-Schnäbelchen …"

**1** Das Traumfresserchen ist klein. Sonst hieße es Traumfresser.
Es braucht ein Hornmesserchen, kein Hornmesser.

> -chen und -lein
> machen alles klein!

**2** Kannst du diese Wörter mit -chen oder -lein verändern?
Achte dabei auf den Begleiter: **der** Mann – **das** Männchen
                                              **das** Männlein

der Baum     der Becher     die Tür     der Tisch
das Bett     der Teller     das Tier    der Löffel

**3** Kennst du das Märchen, in dem vom „Spieglein an der Wand"
gesprochen wird?
Erzähle es den Kindern in deiner Klasse.
Ein Kind fängt an, ein anderes erzählt weiter.

Auf den Märchenkarten ist einiges
durcheinander geraten.
Findest du heraus, was zusammengehört?

**H.ns.l .nd
Gr.t.l**

Ach wie gut,
dass niemand weiß,
dass ich . . .
heiß'.

**R.mp.l-
st.lzch.n**

Großmutter,
was hast du
für große Ohren?

**R.tk.ppch.n**

Knusper, knusper
Knäuschen,
wer knuspert an
meinem Häuschen?

Du kannst auch zu anderen Märchen
Rätselkarten herstellen.
Lass deinen Freund oder deine Freundin raten.

# Schreib-Werkstatt

# Sätze zu Geschichten ordnen

## An der Straße

| A | Zuerst schaute er nach links und dann nach rechts. |
|---|---|
| B | Sascha wollte eine Straße überqueren. |
| C | Er guckte noch einmal aufmerksam nach rechts. |
| D | Da war weit und breit nichts zu sehen. |
| E | Auch auf der rechten Seite war kein Auto zu sehen. |
| F | Also ging er bis zur Straßenmitte. |
| G | Nun ging er rasch hinüber. |

1 Schreibe die Sätze auf Kärtchen. Ordne die Geschichte.

2 In dieser Geschichte werden verschiedene Tunwörter
für das Wort sehen benutzt. Findest du sie?

## Ina geht schlafen

| A | Dann zieht sie ihr Nachthemd an. |
|---|---|
| B | Zuerst zieht sich Ina aus. |
| C | Dann deckt sie sich zu. |
| D | Dann geht sie ins Badezimmer und wäscht sich. |
| E | Dann putzt sie sich auch noch die Zähne. |
| F | Dann geht sie ins Bett. |
| G | Mutter sagt ihr gute Nacht. |

3 Schreibe auch diese Sätze auf Kärtchen und ordne sie.

4 Schreibe die ganze Geschichte in dein Heft.
Für das Wort dann kannst du andere Wörter einsetzen:

anschließend, danach, hinterher, nun, jetzt, endlich

# Das passende Wort gebrauchen

## Viele Geräusche

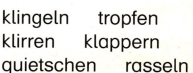

klingeln    tropfen
klirren    klappern
quietschen    rasseln

**1** Lies die Tunwörter.
Ordne jedem Bild ein passendes Wort zu.
Manchmal passen auch zwei Tunwörter zu einem Bild.

**2** Schreibe die folgenden Sätze richtig auf:

- Der Wasserhahn klingelt.
- Der Wecker tropft.
- Die Tür klirrt.
- Das Glas fällt auf den Boden – und quietscht.

## Auf verschiedene Arten gehen

hüpfen    springen    huschen    trampeln
rennen    stapfen    schleichen    humpeln

**3** Du findest hier verschiedene Tunwörter zu dem Wortfeld gehen.
Kannst du die einzelnen Bewegungen vormachen?

**4** Schreibe die folgenden Sätze richtig auf:

- Tina trampelt durch das Wasser.
- Jens rennt langsam und leise die Treppe hinauf.
- Das Pferd schleicht mit einem Satz über den Graben.
- Anne rennt mit ihrem verknacksten Knöchel
  über die Straße.

# Weitergeb-Geschichten schreiben

1. Ich will anfangen!

2. Ich bin gespannt, was Ida schreibt.

3. Ob mir etwas einfällt, wenn ich dran bin?

4. Ich denke schon mal nach, wie die Überschrift heißen könnte.

So wird's gemacht:

Drei bis fünf Kinder spielen zusammen. Alle lesen zuerst den Anfang der Geschichte von Lukas.

Das erste Kind schreibt einen Satz dazu und gibt das Blatt weiter.

Nach ein oder zwei Runden ist die Geschichte zu Ende.

Am Schluss wird vorgelesen.

Lukas hat Angst, in den Keller zu gehen. Es ist dunkel und kalt da unten. Heute aber soll er Marmelade heraufholen. Lukas geht . . .

1 Ihr könnt Weitergeb-Geschichten auch so schreiben: Jedes Kind hat den Anfang und schreibt einen Satz dazu. Dann wird weitergegeben. Jedes Kind schreibt noch einen Satz dazu, bis das eigene Blatt wieder zurückgekommen ist.

# Sätze verlängern

In dem Schrank hängen Kleider.

Ingo zieht seine Hose an.

Der Hund bellt.

| mit der roten Mütze | große | wütend | grüne |
| laut | zottelige | schwarze | mit blauen Streifen |
| mein Freund | die Katze an | jeden Tag | |
| gern | mit den blonden Haaren | lange | weißen |

### So kannst du hier arbeiten:

**1** Du kannst aus den drei kurzen Sätzen lange Sätze machen. Manche Verlängerungen passen besser zu den Namenwörtern, andere besser zu den Tunwörtern.

**2** Du kannst dir auch witzige Sätze ausdenken.

Ingo zieht wütend seine zottelige Hose an.

**3** Kannst du dir auch einen eigenen kurzen Satz ausdenken und diesen dann verlängern?

## Zu Bildern schreiben

### Herr Balduin, sein Hut und sein Drachen

**1** Schaut euch die Bilder an. Erzählt die Geschichte.

**2** Schreibe zu den Drachenbildern eine kleine Geschichte.
Du kannst dabei diese Wörter verwenden:

Drachen, Hut, Wind, Höhe, Schnur, . . .
ließ steigen, flog hoch hinauf, hielt fest,
flog hinterher, . . .

**3** Denke dir aus, wohin Herr Balduin geflogen sein könnte
und wie er wieder auf die Erde kam.

**4** Drucke selbst eine Daumen-Geschichte.
Du brauchst Wasserfarben für den Daumen
und Filz- oder Buntstifte, um weiterzumalen.
Gestalte nicht mehr als vier Bilder.
(Du kannst auch Tiere drucken.)

**5** Gib deinen Figuren Namen und erzähle.
Schreibe die Geschichte auf.

**6** Zeige das Bild deiner Freundin oder deinem Freund
und lass dir die Geschichte erzählen.

# Eine Ich-Geschichte schreiben

## Leider …

Leider bin ich ziemlich klein.
Leider habe ich einen Bruder und keine Schwester.
Leider lachen mich die anderen manchmal aus.
Leider kann ich nicht singen.
Leider kann ich nicht fliegen.
Leider kann ich mich nicht unsichtbar machen.

## Aber …

Aber ich kann gut zeichnen.
Ich kann schwimmen wie ein Fisch.
Und ich habe schöne schwarze Haare.

 Schreibe auf, was du „leider" nicht hast und nicht kannst,
was dir „aber" an dir gut gefällt.

## Manchmal …

Manchmal bin ich wütend.

Ich bin wütend, weil . . .

2 Was machst du, wenn du wütend bist?
Wenn ich wütend bin, schlage ich die Tür zu.

## Delphine

Ich war mit meiner Mutter und meinem Vater in Spanien
dort gibt es viele Fische sie sind ganz groß und haben
weiße Augen sie heißen Delphine aber mein Vater
hat gesagt, es sind keine Fische, sondern Säugetiere.

1 Diese Geschichte ist wie ein einziger Satz geschrieben.
Wenn du sie laut vorliest, merkst du, wo du Punkte
setzen kannst.
Das folgende Wort wird dann groß geschrieben.

2 Schreibe die Geschichte mit den eingesetzten Punkten auf.

3 Vergleiche dein Ergebnis mit den Ergebnissen anderer Kinder.


## Mein eingeklemmter Finger

Ich war im Bad. Da war es mir zu kalt. Da habe ich
die Heizung aufgedreht. Da wollte ich die Tür zumachen.
Da habe ich nicht aufgepasst. Da habe ich
meinen Finger eingeklemmt. Das hat wehgetan.
Da habe ich Creme draufgeschmiert.

4 In dieser Geschichte beginnen fast alle Sätze mit da .
Das klingt nicht gut.
Schreibe die Geschichte ab. Verändere die Satzanfänge.
Für das Wort da kannst du andere Wörter einsetzen:

darum, dort, deshalb, danach, dabei, nun, deswegen

## . . . verbessern

Heute haben wir unserer Lehrerin einen Streich
gespielt. Wir haben unsere Ranzen auf dem Schulhof
versteckt. Zu unserer Lehrerin haben wir gesagt,
wir hätten sie zu Hause vergessen.
Unsere Lehrerin hat sich geärgert, weil wir
so vergesslich sind. Dann haben wir unsere Ranzen
reingeholt. Wir mussten lachen, weil unsere Lehrerin
so ein komisches Gesicht gemacht hat.

5 | Diese Geschichte kann noch besser werden. Verwende für
„unsere Lehrerin" manchmal „sie" oder „Frau Müller".

6 | Es fehlt auch noch eine Überschrift, die gut passt,
aber nicht
zu viel verrät.

## Die Eisfabrik

Ich ging spazieren, es war Nacht.
Da hörte ich von weitem ein Knattern. Es kam
aus einer Fabrik.
Ich schaute hinein und sah, wie ganz viel Eis
aus allen Türen und allen Ecken herauskam.
Ich ging hinein und aß mich mit dem Eis voll,
bis ich nicht mehr konnte.

7 | Wie war die Nacht? Wie hörte sich das Knattern an?
War die Fabrik klein oder groß? Wie war das Eis?
Passende Wiewörter beschreiben die Dinge genauer.

8 | Schreibe die veränderten Geschichten auf.

| finster | dunkel | leise | laut | groß | klein |
|---------|--------|-------|------|------|-------|
| lecker  | süß    | kalt  | köstlich | | |

89

# Zu Bildern erzählen und schreiben

**1** Schau dir die Bilder genau an.
Erzähle die Geschichte.

**2** Überlege, was die Figuren sagen oder denken könnten.
Spielt die Geschichte.

**3** Denke dir eine passende Überschrift aus.
Schreibe die Geschichte auf.

# Rechtschreib-Werkstatt

In dieser Werkstatt kannst du das Rechtschreiben üben und wiederholen. Viel Spaß dabei!

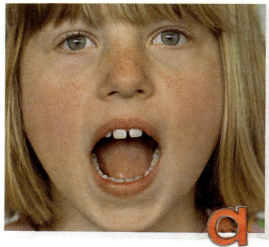

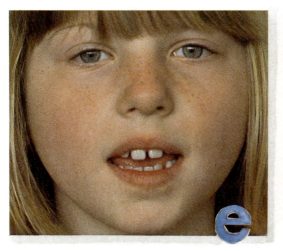

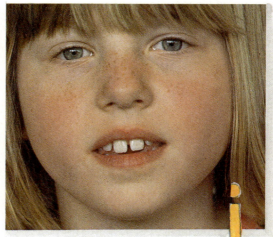

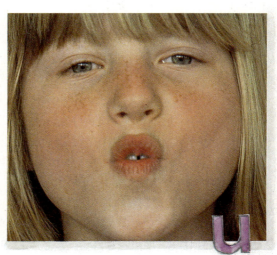

# Abschreiben

**1** Abschreiben will gelernt sein.
Auf dieser Seite kannst du lernen, wie man das macht.

Es war einmal ein Mann,
der hatte sieben Söhne.
Der erste Sohn wollte
eine Geschichte hören.
Da erzählte der Mann
eine Geschichte:
Es war einmal ein Mann,
der hatte sieben Söhne . . .

So arbeitest du:
1. lesen
2. abdecken
ein Mann.
3. aufschreiben
4. aufdecken und
   vergleichen
5. berichtigen
6. weiter so . . .
7. Zum Schluss
   alles durchlesen
   und vergleichen.

Es war einmal

**2** Du kannst auch ein **Laufdiktat** schreiben. Das geht so:
1. Lege den Text weit entfernt irgendwohin.
2. Geh zum Text und lies eine Zeile.
3. Geh zu deinem Platz zurück und schreibe sie auf.
4. So geht es weiter, bis du den Text aufgeschrieben hast.
5. Zum Schluss holst du dir
   den Text an deinen Platz.
6. Vergleiche: Hast du alles
   richtig geschrieben?

# Diktat üben

| | | |
|---|---|---|
| Meerschweinchen | Kaninchen | Kanarienvogel |
| Schildkröte | Wellensittich | Goldhamster |

**1** So übst du ein Diktat:
1. Zwei Kinder üben zusammen.
2. Beide lesen sich zuerst
   die Wörter genau durch.
3. Dann diktiert ein Kind Wort für Wort
   die erste Reihe der Wörter,
   das andere schreibt.
4. Dann diktiert das andere Kind
   die zweite Reihe.
5. Am Schluss überprüfen beide,
   ob alles richtig geschrieben ist
   und verbessern ihre Diktate.

**2** So schreibt ihr ein Dosendiktat:

Segelschiff

Eisenbahn

Flugzeug

Schreibt jedes Wort
auf einen Zettel.
Steckt die Zettel in die Dose.
Ein Kind zieht einen Zettel heraus
und liest vor.
Die anderen schreiben.
Danach wird der Zettel
zur Seite gelegt.
So geht es weiter.
Zum Schluss werden
die Fehler berichtigt.

93

# Selbstlaute und Mitlaute

*a*, *e*, *i*, *o* und *u* nennen wir **Selbstlaute**.
Alle anderen **Laute** nennen wir **Mitlaute**.

Maria ist krank. Sie kann die Selbstlaute nicht sprechen.
Was sagt sie wohl?

-ch h-b- H-lsschm-rz-n, -nd d--
-hren t-n m-r w-h. H-ff-ntl-ch b-n
-ch b-ld g-s-nd. D-nn k-nn -ch
w--d-r spr-ch-n -nd l-ch-n.

**1** Schreibe den Text mit den richtigen Selbstlauten in dein Heft.

**2** Schreibe das ABC in dein Heft. Schreibe die Selbstlaute rot.

**3** Wenn du Selbstlaute veränderst, kannst du eine Geheimschrift
erfinden. Was könnte der folgende Satz heißen?

Moroo word bold wooder gosond.
Donn konn soo woodor tonzon ond sprongon.

**4** Kennst du das Lied „Drei Chinesen mit dem Kontrabass"?
Deine Lehrerin oder dein Lehrer hat den Text.

**5** Auch diesen Vers kannst du mit verschiedenen Selbstlauten
sprechen. Das klingt sehr lustig.

Zwei Posaune blasende Riesen
lagen am Abend auf grünen Wiesen.
Da rasten heran zwei winzige Hasen,
quäkten und piepten aus Mund und Nasen.

# Wörter mit aa, oo, ee

Die Kuh frisst gerne grünen ▆▆▆▆ .
Tante Hilde trinkt am liebsten ▆▆▆▆ .

Rapunzel kämmt ihr langes ▆▆▆▆ .
Zwei Schuhe nennt man auch ein ▆▆▆▆ .

Im ▆▆▆ geht es hinaus auf den ▆▆▆▆ .
Im ▆▆▆▆ wohnt eine gute ▆▆▆▆ .

Tee
Paar
Boot
Fee
Moos
See
Haar
Klee

**1** Lies die Sätze. Setze die Wörter mit *aa, ee* und *oo*
an der richtigen Stelle ein.

**2** Schreibe die Sätze in dein Heft. Unterstreiche *aa, oo, ee.*

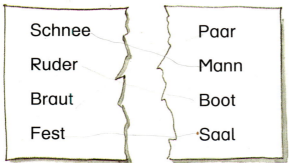

Schnee       Paar

Ruder        Mann

Braut        Boot

Fest         Saal

**3** Setze die Wörter zusammen und schreibe sie mit Begleiter
ins Heft.

Meine Freundin hat lange dunkle  .

Ich esse am liebsten  .

In den Ferien fahren wir ans ▬▬▬ .

Im  gefallen mir die Affen am besten.

Meine Mutter trinkt am liebsten  mit viel Milch.

**4** Schreibe die Sätze ins Heft. Ersetze die Bilder durch die
passenden Wörter. Kontrolliere mit der Wörterliste.

**5** Erfinde selbst Sätze mit *aa-, oo-, ee*-Bildwörtern.

# Aus a, o, u und au wird ä, ö, ü und äu

## Witzsätze

| | | | |
|---|---|---|---|
| Die 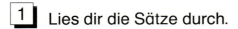 | ist bunt. | Der Zug | ist heiß. |
| Die Nacht | ist rund. | Der Ofen | ist zart. |
| Der | ist lang. | Der Rock | ist reif. |
| Der Mann | ist grün. | Der Baum | ist scheu. |
| Der | ist finster. | Die Maus | ist stark. |

1 Lies dir die Sätze durch.

2 So kannst du die Wörter üben:

- Du kannst richtige Sätze bilden: Die Hand ist zart.
- Witzsätze aufschreiben:  Die Nacht ist rund.
- die Mehrzahl bilden:  die Hand – die Hände
- Mehrzahlsätze schreiben:  Die Hände sind zart.

## Der kleine Mann

Es war einmal ein kleiner Mann,
der hatte im Stall ein kleines Lamm.
In seinem winzig kleinen Haus,
da lebte eine kleine Maus
und noch dazu ein kleiner Hund
mit einem süßen kleinen Mund.

Und nun noch einmal:
Es war einmal
ein kleines Männchen . . .

Und ein drittes Mal:
Es war einmal
ein kleines Männlein . . .

> Aus *a, o, u* und *au* wird in der **Mehrzahl**
> und in der **Verkleinerung** oft *ä, ö, ü* und *äu.*
> *ä, ö, ü* und *äu* sind **Umlaute**.

Folgende Wörter fehlen oben: Apfel, Ball, Hand
Und dies sind Wörter mit ä, ö, ü, äu: Äpfel, Bälle, Bäume, Hände, Männer, Mäuse, Nächte, Öfen, Röcke, Züge

# Aus a wird ä, aus au wird äu

| Der Maulwurf | | hinter der Katze | herlaufen |
| Die Schülerin | | in der Wiege | schlafen |
| Der Torwart | | in den Teich | fallen |
| Ein Blatt | | das Auto | waschen |
| Das Baby | | Wasser | saufen |
| Unser Hund | | den Ball | fangen |
| Frau Blaschke | | ein Loch | graben |
| Das Pferd | | einen Sack | tragen |
| Vater | | über die Straße | laufen |
| Der Nikolaus | | mit dem Bus | fahren |

Die blau gedruckten Wörter sind Tunwörter.
In diesen Tunwörtern kann *a* zu *ä* und *au* zu *äu*
werden. So kannst du damit arbeiten:

1 Du kannst Sätze bilden. Die Wörter und Bilder helfen dir:
Unser Hund läuft hinter der Katze her.

2 Du kannst Witzsätze bilden:
Das Pferd schläft in der Wiege.

# Wörter mit P/p – T/t – K/k

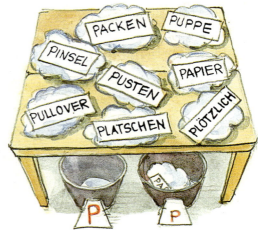

**1** Watte-Wörter-Pusten:
Puste den Tisch leer.
Pass auf, dass die Wörter
in den richtigen Papierkorb
fliegen. Lies die Wörter laut
und deutlich vor.

**2** Schreibe die Wörter
in dein Heft. Kontrolliere sie
mit dem Wörterbuch.

**3** In der Wörterschlange sind viele K/k-Wörter versteckt.
Schreibe sie in dein Heft.
Findest du auch den Schnell-Sprech-Satz?

**4** Lest die Wörter zu zweit
laut vor. Welche Wortteile
passen zusammen?
Schreibe sie
mit Begleiter auf.

| | |
|---|---|
| TISCH | BAUM |
| TANNEN | STÜCK |
| TOPF | TUCH |
| TORTEN | BECHER |
| TRINK | DECKEL |

Plitsch und Platsch paddeln im Paddelboot.
Plötzlich plumpsen sie in den See.
Schon sind sie plitsch-platsch-nass.

**5** Lies diese Sätze laut und schnell vor!
Findest du auch solche Sätze
mit vielen P/p-, T/t- oder K/k- Wörtern?

# Kurze und lange Selbstlaute

## Rob-bi und Ro-bi

Rob-bi und Ro-bi sind zwei Seehunde.
Woran können sie ihre Namen wohl unterscheiden?
Richtig: Der lange Ro-bi hat ein langes o
in seinem Namen.
Der kurze Rob-bi hat ein ganz kurzes o.

**1** Lies die folgenden Wörter. Sprich sie ganz deutlich aus.
Schreibe sie auf.

O-fen    of-fen    Hü-te Hüt-te    be-ten    Bet-ten
Qua-len Qual-len  ra-ten Rat-ten  Scha-len schal-len

> **Selbstlaute** können **kurz** oder **lang**
> ausgesprochen werden. Wenn du genau hinhörst,
> kannst du es merken. Nach einem **langen**
> Selbstlaut ist die Silbe **offen**: *Ro-bi,*
> nach einem **kurzen** Selbstlaut ist sie
> **geschlossen**: *Rob-bi*

**2** Kannst du auch diese Fantasiewörter richtig lesen?
tü-len tül-len   schö-len schöl-len   trü-men trüm-men
lu-fen luf-fen   qua-ren quar-ren   po-pen   pop-pen

**3** Sprich die folgenden Wörter deutlich aus.
Setze beim Aufschreiben **m** oder **mm** ein und trenne die Silben:
Sti-e, Na-e, Sa-en, Schwä-e, Kä-e, Da-e, kru-

# Wörter mit ff, ll, mm, nn, pp, ss, tt

## Witzsätze

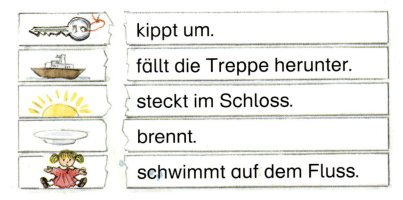

|  |  |
|---|---|
|  | kippt um. |
|  | fällt die Treppe herunter. |
|  | steckt im Schloss. |
|  | brennt. |
|  | schwimmt auf dem Fluss. |

**1** Lies dir diese Witzsätze zuerst einmal durch.

**2** So kannst du die Wörter üben:
- Bilde richtige Sätze: Das Schiff schwimmt . . .
- Setze die Sätze in die Mehrzahl: Die Schiffe . . .
- Diktiert euch gegenseitig die Sätze.

## Bilddiktat

**3** Schreibe die Wörter mit Begleiter in dein Heft.
Ordne sie nach ff, ll, mm, nn, pp, ss, tt.
Vergleiche mit der Wörterliste.

Und hier sind die Wörter, die du dir merken solltest:
brennt, brennen; Brille; fällt, fallen; Kamm; kippt, kippen; Messer; Nuss, Nüsse; Schiff, Schiffe; Schloss; Schlüssel; schwimmt, schwimmen; Sonne; Teller; Wolle

# Reimwörter mit ll, mm, nn, pp, ss, tt

**Quelle** — **Stall** — **brennen** — **Gruppe** — **hell**

**Gewinner**

**Tanne**

**bellt**

**Tonne**

**satt**

**Welle**

**Spinner**

**müssen**

**stellt**

**rennen**

**schnell**

**heller**

**dumm**

**nett**

**matt**

**immer**

**Stamm**

**Futter**

**Schüssel**

**fett** — **krumm** — **schlimmer** — **küssen**

## Reimwörterspiel

Ihr könnt dieses Spiel zu zweit
oder auch zu mehreren spielen.
Wenn ihr auf ein bestimmtes Wort kommt,
so dürft ihr das Reimwort suchen,
das dazu passt.
Setzt euren Spielstein auf dieses Reimwort
vor.
Manchmal müsst ihr auch zurückgehen.
Manche Reimwörter müsst ihr
an den Bildern erraten.
Kommt ihr auf ein Feld, wo schon jemand
steht, so wird er hinausgeworfen.
Der Stein muss auf das nächste Bild zurück.
Wer zuerst bei „Gewinner" ankommt,
hat gewonnen!
Bei diesem Spiel müsst ihr euch die Wörter
genau anschauen.
Auf diese Weise prägt ihr sie euch ein.

Und so könnt ihr diese Wörter noch üben:
- Schreibt einige der Reimwörter auf:
  *Stall – Knall, brennen – rennen, . . .*
- Schreibt einige kurze Sätze, in denen
  immer zwei dieser Wörter vorkommen.
  Es können auch Witzsätze sein:
  *Der Hund bellt in der Wanne . . .*

101

# Zwielaute au, eu, ei

**1** In den Bildern sind Wörter versteckt. Findest du sie?

**2** Lege eine Tabelle an und trage die Wörter ein.

| Wörter mit Au/au | Wörter mit Eu/eu | Wörter mit Ei/ei |
|---|---|---|
| das Auto | | |

der B■m, die B■le, h■len, der B■er, r■ben,
das Kl■d, die S■fe, fr■en, s■ber, gl■ben,
die Sch■be, das ■s, die ■gen, schr■ben, r■fen,
die Schr■be, bl■ben, das F■er, die F■erwehr,
das H■, das Schr■bheft, der Bl■stift, die L■te

**3** Setze die Zwielaute *au, eu* oder *ei* in die Lückenwörter ein.
Manchmal kannst du zwei richtige Wörter bilden.
Trage sie in die Tabelle ein.

**4** Suche Wörter mit *Eu/eu* in der Wörterliste.
Schreibe sie auf.

> **au, eu, ei** werden **Zwielaute** genannt.

# Wörter mit b, d, g

Der Braunbär las ein buntes Bilderbuch.

**1** Sprich die Wörter im Buch ganz deutlich aus.

**2** Schreibe diese Namenwörter mit Begleiter in dein Heft.

**3** Auf der Kiste stehen auch sechs Tunwörter. Schreibe sie auf.

**4** Kreise **B** und **b** in allen Wörtern ein.

bauen oben baden
sieben backen
bald bellen
bringen aber

Dose
danke
drehen
reden
Kinder
Radio
drei

**5** Lege eine Tabelle an. Kreise **D** und **d** ein.

| D . . ., d . . . | . . . d . . . |
|---|---|
| | Kinder |

grün
Gras
gesund
Gemüse
groß
Garten

**6** Welche Wörter findest du?
Denke dir zu jedem Blumentopf einen Satz aus.
Schreibe die Sätze in dein Heft.

# Wörter mit ie, ih

**1**   Lies die Wörter und ordne sie nach dem ABC.
Kreise **ie** ein.

| | | | | | |
|---|---|---|---|---|---|
| Brief | fliegen | tief | lieb | Dienstag | viel |
| Papier | gießen | Zwiebel | spielen | kriechen | |
| Riese | quietschen | niesen | Wiese | Tier | |

**2**   Schreibe die Tunwörter wie im Beispiel:

fliegen, ich fliege, du fliegst, er fliegt

**3**   Findest du die Reimwörter?

| Liegen | Brief | gießen | Tier |
|---|---|---|---|
| s . . . | t . . . | fl . . . | v . . . |
| b . . . | sch . . . | sch . . . | h . . . |

Denke dir zu den Wörtern Sätze aus
und schreibe sie in dein Heft. Unterstreiche **ie**.

**4**   Welche Wörter sind in den Spiegeln versteckt?
Du kannst einen kleinen Spiegel zu Hilfe nehmen.

Achte auf das **h**. Schreibe die Wörter richtig auf.
Präge sie dir gut ein.

# Wörter mit qu und Wörter mit x

**1** Murmle die Wörter,
die aus der Quelle kommen.
Kannst du sie erklären?

**2** Schreibe sie in dein Heft.
Schau im Wörterbuch nach,
ob sie groß – oder klein –
geschrieben werden.

Qu
qu
elle
almen
er    irl
alle    aken
artett    älen    atschen
ietschen    adrat    atsch
ark

Die kleine [Hexe] flog mit ihrem [Raben] Max auf dem [Besen]
zur [Burg] Hexenstein, um die [Hexe] Hexelinchen zu
besuchen. Mit ihr wollte sie [x] -Wörter hexen und
im [Lexikon] lesen, was diese Wörter bedeuten:

Bo★er
Mi★er — Te★t
Le★ikon — Ta★i
A★t    Ni★e — Ha★en

**3** Kannst du helfen?
Erkläre die Wörter und schreibe zu jedem Wort einen Satz auf.
Das Lexikon hilft dir.

# Großschreibung

**Namenwörter** schreiben wir groß.
Sie können einen **Begleiter** haben:
*der, die, das* oder *ein, eine.*

**1** Schreibe die folgenden Namenwörter mit Begleiter auf.

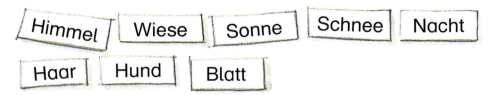

Himmel   Wiese   Sonne   Schnee   Nacht

Haar   Hund   Blatt

Manchmal kann ein **Wiewort** zwischen
dem **Begleiter** und dem **Namenwort** stehen.
Das **Wiewort** schreiben wir klein: der *blaue* Himmel

**2** Schreibe die Namenwörter noch einmal auf. Setze immer eines
der folgenden Wiewörter ein.
Du darfst auch witzige Dinge schreiben:

der bissige Himmel

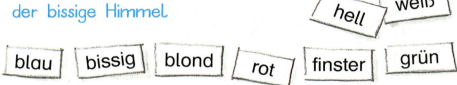

hell   weiß

blau   bissig   blond   rot   finster   grün

**3** Schreibe richtig auf: Das scharfe Messer
Denke daran, dass die Namenwörter großgeschrieben werden.

DAS LAUTE MESSER         DER LECKERE BALL
DAS SCHARFE BETT          DIE KOCHENDE GABEL
DER WEICHE TURM          DIE HOHE SUPPE
DIE RUNDE MUSIK            DER SPITZE KUCHEN
DIE GRÜNE KATZE           DER GESTREIFTE FROSCH

## DIE FAHRT MIT DER BAHN

ENDLICH KOMMT DIE BAHN. DIE KINDER WARTEN, BIS SIE HÄLT. ALLE STEIGEN EIN UND SUCHEN SICH EINEN PLATZ. SIE SCHAUEN AUS DEM FENSTER UND BLEIBEN RUHIG SITZEN, BIS SIE AM ZIEL SIND.

**4** Diese Geschichte kannst du auch als Diktat üben.

## So eine Reise!

DREIPULLOVERZWEIBLUSEN

VIERHOSENDREIHEMDENEINKLEID

SECHSUNTERHEMDENEINEJACKE

FÜNFKNIESTRÜMPFEZWEISOCKEN

EINBADETUCHZWEISANDALEN

ACHTUNTERHOSENEINEBADEMÜTZE

**5** Was packt Nina alles für ihren Urlaub ein?
Schreibe richtig in dein Heft:
drei Pullover, zwei . . .
Denke daran: Namenwörter musst du großschreiben.

# Namenwörter haben Begleiter

### ▶In der Küche

Topf     Messer

Die Begleiter heißen der, die, das.

**1** Schreibe diese Namenwörter mit ihren Begleitern in dein Heft.

der Eimer, die . . .

### ▶ Mein Körper

Arm       Nase

Hals       Kinn

**2** Ordne diese Namenwörter nach ihren Begleitern:

der Arm, . . .

die . . .

das . . .

**3** Davon hast du mehrere:

Ich habe zwei Arme.

Ich habe . . .

Dies sind die Namenwörter mit den Begleitern:

der | Arm, Eimer, Fuß, Hals, Löffel, Mund, Teller, Topf, Zahn

die | Flasche, Gabel, Hand, Nase, Tasse

das | Auge, Bein, Brett, Glas, Kinn, Messer, Ohr

Mehrzahl: die | Arme, Augen, Beine, Füße, Hände, Ohren, Zähne

# Einzahl und Mehrzahl

## ▶Kleidung

Mantel     Bluse     Hemd          Kleid

Schuh          Jacke     Strumpf    

> **Namenwörter** können **Einzahl** und **Mehrzahl** haben.

**1**   Schreibe diese Wörter so auf:

der Mantel – die Mäntel, die Bluse – ...

## ▶Auf dem Lande

Äpfel     Dörfer     Gänse

Kühe     Pferde     Schweine     Vögel

**2**   Schreibe diese Wörter in der Einzahl und Mehrzahl auf:

der Apfel – die Äpfel, der Baum – die ...

**3**   Suche Namenwörter zum Thema „Schulsachen".
Schreibe sie in der Einzahl und Mehrzahl in dein Heft.

das Buch – die ..., der Stift – die ...

▶

Dies sind die Einzahl-Wörter:
der | Apfel, Baum, Mantel, Rock, Schuh, Strumpf, Vogel
die | Blume, Bluse, Gans, Hose, Jacke, Kuh, Mütze
das | Dorf, Hemd, Huhn, Kleid, Pferd, Schwein

▶

Dies sind die Mehrzahl-Wörter:
die | Äpfel, Bäume, Blumen, Blusen, Dörfer, Gänse, Hemden, Hosen,
Hühner, Jacken, Kleider, Kühe, Mäntel, Mützen, Pferde, Röcke,
Schuhe, Schweine, Strümpfe, Vögel

# Mit Sprache kann man spielen

## Lauter seltsame Wörter

Beseluch    Vlumenbase    Hasserwahn
Kettbasten    Bummigärchen    Bußfall

**1** Wie heißen die Wörter richtig?
Kannst du selbst solche Wörter erfinden?

## Teekesselchen

**2** Jeweils zwei Bilder haben den gleichen Namen.
Schreibe die Wörter dazu in dein Heft.

## Wortschlange

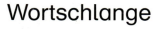

Autotür
  Türschloss
    Schlossberg
      Bergwand

**3** Das ist ein       Wandfarben
Spiel, das ihr
zusammen spielen      Farbentopf
könnt. Ein Kind sagt das    Topfdeckel
erste zusammengesetzte Wort.
Das nächste Kind nimmt den zweiten  Deckelrand
Wortteil als ersten. So geht es immer weiter.  Randstreifen

Diese Wörter kommen hier vor:
Bank, Bettkasten, Birne, Blumenvase, Flügel, Fußball, Gummibärchen,
Hahn, Lesebuch, Schloss, Wasserhahn

# Tunwörter sagen, was man tun kann

**1** Schreibe auf, was hier getan wird:

Der Vogel singt.

Der Frosch . . .

Die Wörter unten auf der Seite helfen dir weiter.

## In der Schule

Ich ___ ins Heft.

Du ___ eine Aufgabe.

Er ___ ein Lied.

Sie ___ eine Geschichte vor.

Es ___ zur Pause.

Wir ___ unsere Hausaufgaben.

Ihr ___ in der Sportstunde.

Sie ___ um die Wette.

machen    rechnest

singt    liest

turnt    laufen

schreibe    klingelt

**2** Schreibe die Sätze in dein Heft.
Setze das passende Tunwort ein.

Auto, Fisch, Frau, Frosch, Hamster, Junge, Kind, Vogel;
fährt, frisst, schläft, schreibt, schwimmt, singt, springt, weint;

113

# Wiewörter sagen, wie etwas sein kann

## Das mag ich – das mag ich nicht

heiß       sauer
kalt       süß
hart       fett
weich      mager
weiß       saftig
schwarz    unreif

**1** Schreibe in dein Heft:

| Ich mag gern | Ich mag nicht gern |
|---|---|
| süßen Saft | sauren Saft |

**2** Schreibe in zwei Reihen auf:

| Wie Tiere sein können | Wie Blumen sein können |
|---|---|
|  |  |

bissig   blau   duftend   gelb   lieb   welk
müde   rot   sanft   wachsam   klug   frisch

# Wiewörter und ihr Gegenteil

## So ein Unsinn

Das Gegenteil von schwarz ist weich,
das Gegenteil von eisig – reich,
das Gegenteil von hart ist rund,
das Gegenteil von arm – gesund,
das Gegenteil von eckig – weiß,
das Gegenteil von krank ist heiß,
das Gegenteil von dunkel – eckig,
das Gegenteil von langsam – dreckig,
das Gegenteil von stark ist hell,
das Gegenteil von müde – schnell,
das Gegenteil von sauber – schwach,
das Gegenteil von rund ist wach.

**1** Was ist denn nun wirklich das Gegenteil von schwarz?
Wenn du die Gegensätze richtig zusammenstellst,
reimen sich die Wörter ebenfalls:

schwarz – weiß, eisig – ...

**2** Lies die Verse nun einmal richtig vor:
Das Gegenteil von schwarz ist weiß ...

**3** Du kannst auch noch weiterreimen.
Dazu musst du immer das Gegenteil suchen:

hoch – ?     gerade – ?     jung – ?
warm – ?     hungrig – ?     rau – ?

Das sind die Wörter:
alt, glatt, kalt, satt, schief, tief

# Nach Sätzen stehen Satzzeichen

Am Ende des Satzes steht ein **Punkt**.
Nach einem **Fragesatz** steht ein **Fragezeichen**.

Wenn du etwas aufschreibst, passiert es leicht,
dass du die Satzzeichen am Ende des Satzes
vergisst. Du erzählst einfach immer weiter.

Igelgeschichte

1. Gestern habe ich im Garten einen Igel
   gesehen er rannte am Zaun entlang.
2. Ich lief zu ihm hin da hat er sich
   zu einer Kugel zusammengerollt.
3. Er lag ganz still da ich hockte
   mich neben ihm nieder.
4. Ob er wohl vor Schreck tot war ich wartete.
5. Das dauerte mir aber zu lange ich ging wieder
   ins Haus.
6. Nach einiger Zeit lief ich wieder hinaus
   ich suchte den Igel überall.
7. Doch was sah ich da der Igel war verschwunden.

1  In dieser Igelgeschichte fehlen einige Punkte.
Setze einen Punkt, wo ein Satz zu Ende ist.
Zweimal musst du ein Fragezeichen einsetzen.

Das erste Wort im Satz schreiben wir groß.

# Aussagen und Fragen

Wenn du jemandem etwas sagst, dann klingt das so:
▶ „Wir gehen am Sonntag in den Zirkus."
Wenn du jemanden etwas fragst, dann klingt es so:
▶ „Geht ihr am Sonntag in den Zirkus?"

> Willst du mein Freund sein

> Du bist mir zu winzig

> Spielst du mit mir

> Ich spiele nur mit großen Tieren

> Kann ich mit dir gehen

> Du bist mir viel zu klein

**1** An diesen Beispielen kannst du gut erkennen, ob die Sätze Aussagen oder Fragen sind.
Sprecht sie mit verteilten Rollen.
Achtet darauf, wie sie klingen.

**2** Schreibe die Sätze ab. Setze Punkte oder Fragezeichen.

● Wir haben heute Hausaufgaben auf.
● Wir müssen morgen den Zeichenblock mitbringen.
● Morgen liest uns die Lehrerin etwas vor.
● Am nächsten Samstag haben wir schulfrei.

**3** Kannst du aus diesen Aussagesätzen Fragesätze machen?

**4** Schreibe die Fragesätze auf. Setze dahinter Fragezeichen.

# Sätze umstellen

**1** Schreibt diesen Satz auf drei Karten.
Malt Punkt und Fragezeichen auf zwei andere Schilder.
Fünf Kinder stellen sich nun vor die Klasse und probieren
verschiedene Möglichkeiten aus.

Kann jedes Kind mit seinem Schild einmal vorn stehen?
Bei welchen Sätzen muss das Kind mit dem Punkt
am Schluss stehen? Bei welchen das mit dem Fragezeichen?

| JASMIN | TRINKT | WARME MILCH |
| IN DER KLASSE | IST | EIN AQUARIUM |
| STECKT | DEIN SCHREIBHEFT | IM RANZEN |
| AUF MEINEM PLATZ | SITZT | EIN TEDDY |

**2** Suche dir zwei Sätze aus. Schreibe mehrere Möglichkeiten ins
Heft. Denke daran, dass am Satzanfang großgeschrieben
wird. Setze auch die richtigen Satzzeichen.

> In **Fragesätzen** steht das **Tunwort** am Anfang.
> Wenn du die Sätze laut sprichst, merkst du,
> welches Satzzeichen am Ende steht.

## A a

ab

a|bends

a|ber

Af|fe, der

al|le

al|lein

als

alt

an|de|re

Angst, die

ant|wor|ten

Ap|fel, der
  die Äpfel

A|pril, der

ar|bei|ten

är|gern

auch

auf|pas|sen
  du passt auf, er passt auf

Au|ge, das

Au|gust, der

Au|to, das

## B b

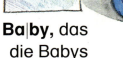

Ba|by, das
  die Babys

ba|cken

bald

Ball, der
  die Bälle

Ba|na|ne, die

bas|teln

Bauch, der
  die Bäuche

bau|en

Bau|er, der

Baum, der
  die Bäume

Bein, das

bei|ßen
  du beißt, er beißt

be|kom|men

bel|len

bes|ser

be|su|chen

Bett, das

Beu|le, die

bie|gen

Bild, das

bis

bit|te

Blatt, das
  die Blätter

blei|ben

Blei|stift, der

blit|zen

Boot, das

brau|chen

braun

bre|chen
  du brichst, er bricht

bren|nen

Brief, der

Bril|le, die

brin|gen

**Bru|der,** der
  die Brüder
**Buch,** das
  die Bücher
**bunt**
**Bus,** der

# C c

**Clown,** der
**Chor,** der
**Com|pu|ter,** der

# D d

**da|bei**
**Dach,** das
  die Dächer
**Da|me,** die
**da|nach**
**dan|ke**
**dann**
**da|rum**
**den|ken**
**denn**
**des|halb**
**De|zem|ber,** der
**dick**
**Diens|tag,** der
**don|nern**
**Don|ners|tag,** der
**dort**
**Do|se,** die

**Dra|chen,** der
**drau|ßen**
**dre|hen**
**drei**
**dun|kel**
**durch**

# E e

**E|cke,** die
**Ei,** das
**ei|ni|ge**
**ein|la|den**
  du lädst ein, er lädt ein
**ein|mal**
**eins**
**Eis,** das
**Ei|sen|bahn,** die
**El|tern,** die
**En|de,** das
**end|lich**
**En|te,** die
**Erd|bee|re,** die
**erst**
**er|zäh|len**
**es|sen**
  du isst, er isst
**et|was**
**Eu|le,** die
**euch, eu|er**

**Fa|brik,** die

**fah|ren**
 du fährst, er fährt

**Fahr|rad,** das
 die Fahrräder

**fal|len**
 du fällst, er fällt

**fan|gen**
 du fängst, er fängt

**Feb|ru|ar,** der

**Fee,** die

**Fens|ter,** das

**Fe|ri|en,** die

**Feu|er,** das

**Feu|er|wehr,** die

**Fin|ger,** der

**Fisch,** der

**Fla|sche,** die

**flie|gen**

**flie|ßen**
 du fließt, er fließt

**Flug|zeug,** das

**fra|gen**

**Frei|tag,** der

**fres|sen**
 du frisst, er frisst

**Freu|de,** die

**freu|en**

**Freun|din,** die

**Früh|ling,** der

**füh|len**

**fünf**

**Fuß,** der
 die Füße

**Fuß|ball,** der
 die Fußbälle

**ganz**

**Gar|ten,** der
 die Gärten

**Gast,** der
 die Gäste

**ge|ben**
 du gibst, er gibt

**Ge|burts|tag,** der

**ge|hen**

**gelb**

**Geld,** das

**Ge|mü|se,** das

**gern**

**Ge|schenk,** das

**Ge|schich|te,** die

**Ge|spenst,** das

**ges|tern**

**ge|sund**

**Glas,** das
 die Gläser

**glatt**

**glau|ben**

**gleich**

**Glück,** das

**glück|lich**

**Gold|hams|ter,** der

**Gras,** das

**groß**
**grün**
**gru|se|lig**
**Gruß,** der
  die Grüße

# H h

**Haar,** das
  die Haare
**ha|ben**
  du hast, er hat
**Hals,** der
  die Hälse
**Hand,** die
  die Hände
**hän|gen**
**häss|lich**
**hart**
**Ha|se,** der
**Haus,** das
  die Häuser
**he|ben**
**hei|len**
**heiß**
**hei|ßen**
  du heißt, er heißt
**hel|fen**
  du hilfst, er hilft
**hell**
**her**
**her|aus**
**Herbst,** der
**her|ein**

**Herr,** der
**heu|len**
**heu|te**
**He|xe,** die
**hier**
**Him|mel,** der
**hin**
**hin|aus**
**hin|ein**
**hin|ter**
**hoch**
**hö|ren**
**Hund,** der
**hüp|fen**

# I i

**I|dee,** die
**I|gel,** der
**ihm**
**ihn, ih|nen**
**ihr, ih|re, ih|ren**
**im|mer**

# J j

**Ja|cke,** die
**Jahr,** das
**Ja|nu|ar,** der
**je|der**
**jetzt**
**Ju|li,** der
**Jun|ge,** der
**Ju|ni,** der

# K k

**Kaf|fee,** der
**Kä|fig,** der
**Ka|len|der,** der
**kalt**
**Kamm,** der
 die Kämme
**käm|men**
**Ka|na|ri|en|vo|gel,** der
**Ka|nin|chen,** das
**Kan|ne,** die
**Kar|te,** die
**Kat|ze,** die
**kein, kei|ne**
**Ker|ze,** die
**Ket|te,** die
**Kind,** das
**kip|pen**
**Klas|se,** die
**kle|ben**
**Klee,** der
**Kleid,** das
**klet|tern**
**klin|geln**
**kom|men**
**Kö|ni|gin,** die
**kön|nen**
 du kannst, er kann
**krank**
**Kran|ken|haus,** das
**krat|zen**
 du kratzt, er kratzt
**Kreis,** der
**Ku|chen,** der

**küs|sen**
 du küsst, er küsst
**Kuh,** die
 die Kühe
**kurz**

# L l

**la|chen**
**Lamm,** das
 die Lämmer
**Land,** das
 die Länder
**lang**
**lang|sam**
**las|sen**
 du lässt, er lässt
**lau|fen**
 du läufst, er läuft
**laut**
**le|ben**
**Leh|re|rin,** die
**lei|se**
**le|sen**
 du liest, er liest
**Leu|te,** die
**Licht,** das
**lieb**
**Lied,** das
**lie|gen**
**links**
**Löf|fel,** der
**Luft,** die
**lus|tig**

# M m  N n

| | |
|---|---|
| ma\|chen | nach |
| Mäd\|chen, das | Nach\|mit\|tag, der |
| Mai, der | nächs\|te, nächs\|ter |
| manch\|mal | Nacht, die |
| Mann, der | die Nächte |
| die Männer | nachts |
| Man\|tel, der | Na\|me, der |
| die Mäntel | Na\|se, die |
| Mär\|chen, das | ne\|ben |
| März, der | nett |
| Meer, das | nicht, nichts |
| Meer\|schwein\|chen, das | nie |
| mehr | Ni\|ko\|laus, der |
| Mes\|ser, das | noch |
| Milch, die | No\|vem\|ber, der |
| mir | nur |
| mit | Nuss, die |
| Mitt\|woch, der | die Nüsse |
| mö\|gen | |
| du magst, er mag | |

O o

Mo|nat, der

Mon|tag, der

mor|gen — ob

Mund, der — o|der

Mu|sik, die — of|fen

müs|sen — oft

du musst, er muss — Ohr, das

Mut|ter, die — Ok|to|ber, der

Müt|ze, die — On|kel, der

# P p

**Paar,** das
**pa|cken**
**Pa|pier,** das
**Pferd,** das
**Pfüt|ze,** die
**Pin|sel,** der
**plat|schen**
**Platz,** der
  die Plätze
**plötz|lich**
**Pul|lo|ver,** der
**Pup|pe,** die
**pus|ten**

# Q q

**Qua|drat,** das
**qua|ken**
**quä|len**
**Qual|le,** die
**Quark,** der
**Quar|tett,** das
**Quatsch,** der
**quat|schen**
**Quel|le,** die
**quer**
**quiet|schen**
**Quirl,** der

# R r

**Ra|be,** der
**Rad,** das
  die Räder
**Rad|fah|re|rin,** die
**Ra|dio,** das
**Rät|sel,** das
**rau|ben**
**rau|fen**
**rech|nen**
**rechts**
**re|den**
**rei|ben**
**ren|nen**
**Ring,** der
**Rock,** der
  die Röcke
**Rol|ler,** der
**Ru|he,** die
**ru|hig**

# S s

**sa|gen**
**Sa|lat,** der
**Sa|men,** der
**Sams|tag,** der
**Satz,** der
  die Sätze
**sau|ber**
**sau|fen**
  du säufst, er säuft

scharf

schau|en

Schei|be, die

schief

schie|ßen
 du schießt, er schießt

Schiff, das

schla|fen
 du schläfst, er schläft

Schloss, das
 die Schlösser

Schlüs|sel, der

schmut|zig

Schnee, der

Schnee|mann, der

schnei|en

schnell

Scho|ko|la|de, die

Schrank, der
 die Schränke

Schrau|be, die

Schreck, der

schrei|ben

Schuh, der

Schule, die

Schüs|sel, die

Schwamm, der
 die Schwämme

schwarz

Schwes|ter, die

schwim|men

sechs

se|hen
 du siehst, er sieht

sehr

Sei|fe, die

sein
 du bist, er ist

Sei|te, die

Sep|tem|ber, der

sie|ben

sie|gen

sin|gen

sit|zen
 du sitzt, er sitzt

sol|len

Som|mer, der

Son|ne, die

Sonn|tag, der

span|nend

Spatz, der

Spie|gel, der

Spiel, das

spie|len

Spin|ne, die

spitz

spre|chen
 du sprichst, er spricht

sprin|gen

stark

ste|hen

Stein, der

Stern, der

Stie|fel, der

still

Stim|me, die

Stock, der

Stra|ße, die

strei|cheln

strei|ten

**Strumpf,** der
  die Strümpfe
**Stuhl,** der
  die Stühle
**su|chen**
**süß**

T t

**Tag,** der
**Tan|ne,** die
**Tan|te,** die
**tan|zen**
  du tanzt, er tanzt
**Tas|se,** die
**Tee,** der
**Te|le|fon,** das
**Tel|ler,** der
**tief**
**Tier,** das
**Tisch,** der
**tra|gen**
  du trägst, er trägt
**Trau|be,** die
**trau|rig**
**Trep|pe,** die
**trin|ken**
**Tu|be,** die
**Tür,** die
**tur|nen**

U u

**ü|ber**
**ü|ber|all**
**ü|ber|que|ren**
**Uhr,** die
**und**
**un|heim|lich**
**uns**
**un|ter**

V v

**Va|ter,** der
  die Väter
**ver|ab|re|den**
**ver|ges|sen**
  du vergisst, er vergisst
**ver|klei|den**
**ver|ste|cken**
**viel, vie|le**
**vier**
**Vo|gel,** der
  die Vögel
**vom**
**von**
**vor**
**vor|bei**

## W w

**wach**

**Wald,** der
 die Wälder

**wann**

**war|ten**

**wa|rum**

**wa|schen**
 du wäschst, er wäscht

**Was|ser,** das

**We|cker,** der

**Weg,** der

**weich**

**Weih|nach|ten**

**weil**

**wei|nen**

**weiß**

**wel|cher, wel|che**

**Welt,** die

**wenn**

**wer|den**
 du wirst, er wird

**wie|der**

**Wie|se,** die

**wild**

**Wind,** der

**Win|ter,** der

**wir**

**Witz,** der

**Wo|che,** die

**woh|nen**

**Wol|le,** die

**wol|len**
 du willst, er will

**Wort,** das
 die Wörter

**wün|schen**

**wü|tend**

**Wurst,** die
 die Würste

## Z z

**Zahn,** der
 die Zähne

**zau|bern**

**Zaun,** der
 die Zäune

**zeich|nen**

**Zeit,** die

**Zir|kus,** der

**Zoo,** der

**zu|rück**

**zwei**

**Zwie|bel,** die